말 좀
잘하고
싶어

스피치 컨설턴트 김대성 원장의 말 잘하는 비법 **47**

말 좀 잘하고 싶어

초판 1쇄 발행 2021년 2월 15일
지은이 김대성
편집인 옥기종
발행인 송현옥
펴낸곳 도서출판 더블:엔
출판등록 2011년 3월 16일 제2011-000014호

주소 서울시 강서구 마곡서1로 132, 301-901
전화 070_4306_9802 **팩스** 0505_137_7474
이메일 double_en@naver.com

ISBN 979-11-91382-01-3 (03320) 종이책
ISBN 979-11-91382-51-8 (05320) 전자책

말 좀 잘하고 싶어

스피치 컨설턴트 김대성 원장의 말 잘하는 비법 47

김대성 지음

더블:엔

추천사

김달국
(작가, 유쾌한 삶 연구가)

우리는 하루도 말을 하지 않고 살 수 없습니다. 하지만 말을 잘하는 사람은 드문 것 같습니다. 말 한 마디로 천 냥 빚을 갚을 수도 있지만 상처를 주기도 합니다. 말이 정보만 전달하는 것이 아니라 감정까지 전달하기 때문입니다.

김대성 원장이 자신의 책 몇 권을 보내주면서 한 권의 책으로 만들고 싶다고 했습니다. 좋은 내용이었지만 종합하거나 요약해서 책을 만들기에는 한계가 있었습니다. 처음부터 끝까지 관통하는 하나의 주제가 있어야 하는데 콘텐츠가 너무 많았습니다.

그가 가장 잘 쓸 수 있는 것이 무엇일까 곰곰이 생각해봤습니다.

스피치를 가르치는 그의 첫인상은 말을 잘하고 겸손했습니다. 말을 잘하는 법에 관해 쓰면 좋겠다고 해주었습니다. 다시 시작하는 마음으로 1년간 갈고닦은 것이 바로 이 책입니다.

말의 중요성을 알고 말 잘하는 법에 관한 책을 써보기로 마음먹은 적이 있었습니다. 아나운서, 정치인, 연예인, 교수 등 각 분야에서 말 잘하는 사람들의 책을 많이 읽어봤지만 와닿지 않았습니다. 나름대로 강점이 있었지만 말을 잘하고 싶은 사람에게는 부족했습니다. 그러던 차에 말을 잘하고 싶은 사람에게 꼭 필요한 이 책이 나오게 되어 기쁘게 생각합니다.

생텍쥐페리는 《어린왕자》에서 "세상에서 가장 어려운 일은 사람의 마음을 얻는 것"이라고 했습니다. 마음을 얻을 수 있으려면 말을 잘할 수 있어야 합니다. 말을 잘한다는 것은 자신의 생각을 적절한 용어로 전달하는 것입니다. 더 중요한 것은 상대에게 필요하고, 상대가 듣고 싶어 하는 말을 하는 것입니다. 그러기 위해선 배워야 할 기술이 많고, 생각도 정리되어야 하지만 인품이 먼저입니다. 이런 것들을 두루 갖추고 있는 이 책이 독자들에게 많은 울림을 줄 수 있을 것이라 확신합니다.

오래 전에 통도사에서 템플스테이를 한 적이 있습니다. 가장 힘들었던 것은 묵언수행이었습니다. 배고픈 것은 참을 수 있어도 하고 싶은 말을 참는 것은 정말 힘들었습니다. 그럼에도 여백이 있어야 되고, 음악에도 쉼표가 있어야 되듯이 말을 잘하는 사람은 언제 쉬어야 할지, 어디를 여백으로 두어야 할지 아는 사람입니다. 저자는 이런 것을 놓치지 않았습니다.

적절한 말로 사람의 마음을 얻을 수 있는 방법과 지혜를 배울 수 있다면 기쁜 일입니다. 이 책은 말을 잘하고 싶은 사람들에게 친절한 길잡이가 될 수 있다고 자신합니다. 많은 독자들에게 사랑받고 도움이 되길 바랍니다.

의식주만큼 중요한 '말'을 잘하려면

인간이 살아가는데 필수적인 3요소로 의식주를 꼽는다. 나는 여기에 하나를 더 추가해야 한다고 생각한다. 바로 '말'이다.

의식주라는 수단은 지극히 개인적인 영역에 속한다. 평소 백만 원짜리 옷을 입고, 매 끼니 십만 원짜리 밥을 먹고, 정원이 넓은 저택에 산다고 해서 직접적으로 상대방에게 피해를 주지는 않는다. 그 반대의 경우도 마찬가지다.

하지만 말은 아니다. 개인적인 영역이 아니라 반드시 상대와의 관계에서 사용하는 도구가 '말'이다. 말은 어떻게 사용하느냐에 따라 상대방을 죽일 수도 있고 살릴 수도 있다. 그로 인해 내가 죽거나 살 수도 있다. 그래서 의식주와 달리 말이라는 도구는 신중하게 사용해야 한다.

20년 동안 다양한 사람들을 만나 스피치를 지도하면서 느낀 것이 있다. 대부분의 사람들이 말을 잘하는 방법과 기술을 배우면 나도 누구처럼 말을 잘하는 사람이 될 수 있다고 생각한다는 것이다. 이는 반은 맞고 반은 틀린 말이다.

무엇이 말을 하게 하고 무엇이 상대방의 말을 듣게 하는 것일까? 그것은 방법과 기술이 아니라 바로 그 사람의 '인격'이다. 말을 한다는 것은 단순히 말을 주고받는 상황이 아니라 인격 대 인격의 교류 상황이라는 것이 나의 평생의 스피치 철학이다. 스피치는 삶이며, 스피치 공부는 삶에 대한 공부다. 삶에 대한 공부는 삶이 다하는 그날까지 멈출 수 없다.

20년간 한 길을 걸어오면서 느낀 바를 최대한 풀어내고자 했다. 세 가지 바람을 가지고 책을 썼다.

우선, 읽는 독자가 '어? 이거 내 얘긴데'라는 생각이 들었으면 좋겠다. 그리고, '아, 이렇게 하면 되겠구나' 하며 스스로 답을 찾을 수 있으면 좋겠다. 마지막으로, 너무 길지 않아야겠다.

이 한 권의 책이 말을 통해 또 다른 내 삶의 향기를 피우고 싶은 사람들에게 조금이나마 영향을 줄 수 있기를 바란다.

차 례

1.
말좀 잘하고 싶어

2.
발표는 불안해

3.
스피치 근육 키우기

4.
건강한 소통의 기술

5.
생각 근육 키우기

6.
말하기 실전

부록

1장

말 좀
잘 하고 싶어

"다른 사람들처럼 유머도 섞어가며 유창하게 말하고 싶은데
막상 말을 하려 하면 적당한 단어도 떠오르지 않고
자꾸만 말이 막혀서 하고 싶은 말을 다하지 못하고
얼버무리는 경우가 많아요. 이런 제가 답답해요."

나를 괴롭히는 악당

,

우리는 말을 잘하고 싶어 한다. 왜일까?

주변에서 말을 잘하는 사람을 만나면 부럽다. 상황에 맞게 군더더기 없이 일목요연하게 표현하는 사람은 왠지 똑똑해 보이고, 능력이 있어 보이고, 자신감도 있어 보이고, 믿음이 간다. 강한 매력에 빠져들면서 나도 그런 사람이 되고 싶어진다.

반면에, 누가 봐도 말을 참 못하는 사람도 있다. 그런 사람을 볼 때면 안타깝고, 답답하고, 자신이 없어 보이고, 신뢰가 가지 않으면서 중요한 일을 맡기거나 함께 일을 하게 될 때 걱정이 앞선다. 나는 그런 사람이 되고 싶지가 않다.

이 세상에 누가 존재감 없는 사람으로 살아가고 싶겠는가. 내가 가진 능력을 제대로 인정받고 싶은 마음이 없는 사람이 어디에 있겠는가.

가진 능력이 5밖에 없는 사람이 능력을 5만큼 발휘하고 그에 상응하는 결과가 돌아온다면 억울하지 않다. 부족한 능력은 꾸준한 배움과 실전 경험을 통해 계속 쌓아나가면 성장할 수 있기 때문이다. 하지만 10을 가지고 있는 사람이 5밖에 인정을 받지 못한다면 얘기가 달라진다. 많은 것을 갖고 있는데도 그것을 표현하는 능력이 부족해서 제대로 된 평가를 받지 못하고 승진에서 밀린다든지, 보다 나은 기회를 잡지 못한다면 이보다 억울한 일이 또 어디에 있겠는가.

'어? 내가 하고자 했던 말은 이게 아닌데, 지금 어디로 가고 있는 거야. 아, 어떻게 돌아가지? 그리고 끝맺음은 어떻게 해야 되나. 나는 왜 이럴까?' 하는 경험을 해봤을 것이다. 현장에서 다양한 사람들과 만나 스피치 지도를 할 때 많이 접하게 되는 모습이기도 하다.

많은 분들이 이런 하소연을 한다.

"앞에 나가서 발표할 생각만 해도 벌써부터 가슴이 쿵쾅거리고 다리가 떨려서 아무 생각이 나지 않아요. 그저 지금 이 자리를 어떻게 하면 피할 수 있을까만 떠올라요."

"앉아 있을 때는 이렇게 말해야지, 어느 정도 정리가 되는데 앞에 나서는 순간 머리가 하얗게 되어버려요. 뭐라고 하긴 했는데 내가 무슨 말을 했는지 하나도 기억이 안 나요. 이런 제가 너무 싫어요. 다른 사람들은 모두 다 아무렇지 않게 잘하는데 나만 왜 이런가요?"

"말을 하다 보면 제 의도와는 다르게 딴 길로 빠져서 횡설수설하다가 급마무리를 하고 들어와요. 주위 사람들에게서 제발 핵심만 간단하게 말하라는 얘길 많이 들어요. 저도 그러고 싶은데, 어쩌면 좋을까요?"

"앞에만 서면 너무 긴장을 해서 사람들이 안 보여요. 깜깜한 게 제 몸이 허공에 붕 떠 있는 기분이에요. 이리저리 허우적거리는 것 같아 온몸에 식은땀이 나요. 병인가요?"

"다른 사람들처럼 유머도 섞어가며 유창하게 말하고 싶은데 막상 말을 하려 하면 적당한 단어도 떠오르지 않고 말이 막혀서 하고 싶은 말을 다 못하고 얼버무리는 경우가 많아요. 이런 제가 답답해요."

이 책을 읽고 읽는 여러분도 혹시 이런 모습은 아닌지….
과연, 말을 할 때 이렇게 우리를 괴롭히는 악당은 무엇일까?

말이란 무엇인가

,

스피치를 배우러 오는 분들께 첫날 꼭 물어보는 것이 있다.

"이곳에 왜 오셨습니까?"

대동소이하지만 대부분 "말을 잘하고 싶어서"라고 대답한다. "말을 하지 못하는 분들이 있나요?" 라고 다시 질문을 하면 모두 "말을 할 줄은 안다"고 답변한다.

"그럼, 이미 할 줄 아는 말을 '잘' 하고 싶다는 것인데, 잘하면 되지 않느냐?"고 반문하면 그것이 어렵다는 것이다. 아예 말을 할 줄 모른다면 영어나 다른 언어처럼 처음부터 배우면 되는데 이미 말을 할 줄 알지 않느냐, 그런데 할 줄 아는 말을 잘하려고 하니 이것이 잘 안 된다는 것이 이상하지 않느냐고 재차 물으면 그래서 더 답답하다는 것이다. 왜 그럴까?

"이미 할 줄 아는 말을 잘하고 싶은데 잘하지 못하는 이유는 자꾸만 말을 하려고 하기 때문입니다. 고로 말을 잘하기 위해서는 말을 하지 말아야 합니다."

이렇게 선언하듯이 이야기를 하면 모두 눈이 휘둥그레지면서 저 양반이 지금 무슨 말을 하고 있는 거야. 놀리는 건가 라는 의아한 표정이 되어 나를 쳐다만 본다.

무언가를 잘하기 위해서는 '잘하고자 하는 것이 무엇인가'를 먼저 알아봐야 한다. 말을 잘하기 위해서는 우선 말이 무엇인지 알아봐야 한다. 말은 의사를 전달하기 위한 수단이자 도구이다. 여기에서 핵심은 '수단이자 도구'라는 것이다. 우리가 전달하고자 하는 것은 '말'이 아니라 '생각'이다. 이것을 상대방에게 전달하기 위해서 말이라는 전달 수단이 필요하다. 극히 단순화시킨다면 말은 껍데기이고 생각은 알맹이라고 할 수 있다.

말을 잘하기 위해서는 바로 말이 되는 생각을 잘해야 한다는 뜻이다. 하지만 대부분 우리는 말을 해야 하는 상황이 되면 이

사안에 대한 '내 생각은 무엇이지' 보다는 '무슨 말을 해야 하지'를 먼저 떠올린다. 알맹이인 생각은 하지 않고 껍데기인 말을 자꾸 하려고 하다 보니 머릿속이 하얗게 되는 것이다.

김치찌개를 끓이려면 가장 먼저 찌개를 끓일 수 있는 재료를 준비해야 한다. 근데 재료는 준비하지 않고 빈 냄비를 불 위에 올려놓고 음식을 하려고 하면 어떻게 되겠는가?

이렇게 설명을 하면 수업에 오신 분들은 그제서야 고개를 끄덕이면서 중요한 무언가를 알게 되었다는 표정을 짓는다.

"그럼, 지금부터 한 분씩 앞에 나와서 자기소개를 한번 해보겠습니다."

준비시간을 2분 주면 수강생들의 얼굴 표정이 금세 난감하게 변하며 어쩔 줄 몰라 한다. 이 분들의 내면에는 무슨 일들이 벌어지고 있을까?

'어휴 미치겠네. 내가 스피치가 안 돼서 이곳에 배우러 왔는데 가르쳐주지는 않고 첫날부터 다짜고짜 앞에 나가서 내가 제일 싫어하는 자기소개를 하라고 하네. 무슨 말을 하지? 심장은 갑자기 왜 이렇게 뛰고 아무 생각도 안 나는 거야. 아 괴로워.'

한 명씩 나와서 자기소개를 하고, 들어가서는 생각한다.

'내가 무슨 말을 하고 들어온 거지?' 아직도 심장이 벌렁거리고 무슨 말을 했는지 기억나지 않는다. 다만 잘한 것 같지는 않다. 그러는 사이 다른 사람들의 자기소개가 이어지지만 그들 또한 별반 다를 게 없다.

불과 2분 전에, 말을 잘하기 위해서는 지금 내가 표현하고자 하는 것에 대한 '생각'을 잘해야 한다고 설명했음에도 불구하고 실제 발표 상황이 되면 '무슨 말을 하지?' 자동적으로 '말'을 생각하게 된다.

발표자가 말이 아니라 생각에 집중한다면 어떻게 될까?

'자기소개를 하라는 거지. 음, 자기소개라. 내 소개를 해야 하는 사람들은 누구지? 나와 같이 스피치를 배우러 온 사람들이구나. 오늘 처음 만난 사람들이지. 그리고 앞으로 적어도 석 달 동안은 계속 보면서 함께 수업을 해야 하는 사람들이구나. 그럼 나에 대해서 어떤 부분을 어느 정도까지 이야기하는 것이 좋을까? 처음 보는 사람들에게 미주알고주알 다 이야기하는 것도 좀 그렇고, 그렇다고 너무 간단하게 하는 것도 좀 아닌 것

같아. 일단 호칭은 해야 될 테니까 이름은 이야기를 하자. 나이
는… 뭐 얘기해도 상관없겠지. 내가 무슨 일을 하는 사람인지
는 알 필요가 있을 것 같아. 그리고 내가 하는 일 외에 관심을
가지고 취미 활동을 하는 것이 무엇인지도 말하면 좋겠네. 또
이곳에 어떤 목적으로 왔고 어떤 결과를 기대하는지도 얘기하
자. 마지막으로 함께 공부하는 분들과 어떻게 지냈으면 좋겠는
지를 말하면 되겠네. 첫날이니까 이정도로만 나에 대해 소개하
면 되겠다.'

 이렇게 나에 대해 소개할 내용을 생각하고 정리해서 있는 그
대로 발표한다.

"안녕하세요, 저는 김아무개라고 합니다. 나이는 서른다섯이
구요, 제가 하는 일은 조그마한 카센터를 운영하고 있습니다.
그리고 제가 하는 일 외에 기타 치며 노래 부르는 것을 좋아합
니다. 제가 이곳에 온 이유는 기타 동호회에서 정기적으로 요
양원에 기타 연주 봉사를 나가는데 노래할 때는 괜찮은데 시작
할 때와 끝나고 중간중간에 멘트를 해야 할 때면 너무 긴장이
되어 말도 더듬게 되고 준비한 말을 다 못해서 속상할 때가 많

았습니다. 이런 일이 반복되다 보니 봉사하러 가는 것 자체가 부담스러워지고 자꾸 피하고 싶은 마음이 들더라구요. 전 기타 치는 것도 좋아하고 제 재능을 함께 나누는 일도 참 보람 있다고 생각하는데 말이죠. 이래서는 안 되겠다 싶어서 자신감과 조리 있게 말을 하는 법을 배우고 싶어서 왔습니다. 열심히 해서 더 즐겁고 신나게 나눔 활동을 하고 싶어요. 여기 계신 분들과도 잘 지내고 싶습니다. 감사합니다."

　말이 아니라 생각을 표현하려고 하면 이런 모습이 되지 않을까? 물론 이 정도 하는 것도 어려운 일임을 알고 있다. 현장에서 누구이 강조해도 이론과 현실은 멀기만 할 뿐임을 절절히 느낀다. 알고 있는데 잘 안 되니 좌절감만 커질 뿐이다. 왜 이런 일들이 일어나는 걸까?

말 좀
잘하고 싶어

우리는 왜 말에서
벗어나지 못하는 것일까

,

    생각은 과정이고 말은 결과다. 생각은 드러나지 않지만 말은 드러난다. 세상은 과정보다는 결과를, 드러나지 않는 것 보다는 드러난 것을 통해 인정하는 경향이 있다. 특히 치열한 경쟁 사회에서는 눈에 보이는 결과가 곧 성공을 담보한다.

    유명한 실험이 있다. 횡단보도에서 보행자 신호가 빨간불일 때 허름하게 차려 입은 사람이 건너가려 할 때와 정장 차림의 신사가 길을 건너가려 할 때 주위에 있는 사람들의 반응에 관한 실험이다.

허름한 차림새의 남자가 길을 건너려 했을 때는 주위에 있던 사람들이 아무도 움직이지 않았지만 정장 차림의 신사가 건너려 했을 때는 별다른 의심 없이 신사의 행동을 따라하는 사람들이 많았다.

　　이 뿐인가. 신호가 바뀌었는데도 앞차가 움직이지 않을 때 차종에 따라 경적음을 내는 시간에 차이가 난다고 한다. 학교에서는 공부 잘하는 친구가, 사회에서는 부자, 직업, 지위, 스펙, 외모에 따라 대접이 달라진다는 것을 우리는 경험을 통해 학습한다. 슬프지만 외면할 수 없는 현실이다.

　　결과에 대해 자유로울 수 있는 사람이 얼마나 되겠는가. 말을 잘하는 사람과 못하는 사람에 대한 자기 신뢰도와 사회적 평가가 어떠한지 잘 알기에, 우리는 가능하면 좀 있어 보이는 말, 유창한 말로 나를 드러내고 싶어 한다. 말의 모습이 곧 나의 모습이라고 생각하기 때문이다.

　　과정 없는 결과가 있을 수 없듯이 생각 없는 말이 존재할 수 없다. 씨를 뿌리고 재배하는 과정 없이 열매를 수확할 수는 없는 법. 우리가 보고 느낄 수 있는 것은 모두 보이지 않는 과정의 결실들이다.

말 좀
잘하고 싶어

말을 잘한다는 것은
생각을 잘한다는 것이다

,

　말을 잘하기 위해 생각을 잘해야 한다면, 과연 그 '생각'은 무엇일까? 늘 생각을 하면서 살아왔고, 생각이라는 단어를 잘 알고 있지만, 생각이 무엇이냐고 물으면 막막해진다. 너무 광범위하고 추상적이다.

　지금 내가 하고 있는 생각은 무엇을 통해서 만들어진 것일까? 우리는 모두 각자의 생각을 갖고 있고, 또 각자의 생각은 모두 다르다. 엄마 뱃속에서부터 가지고 태어난 것이 아니라면 생각이란 어디에서 오는 것일까?

그렇다. **생각은 경험을 통해서 만들어진다.** 지금까지 살아오면서 겪은 직간접 경험을 통해 생각이라는 것이 만들어진다. 그렇기에 위대한 선각자나 스승님들은 우리에게 경험의 중요성을 이야기하며 많은 경험을 하라고 한다. "지금 나의 모습은 내 생각의 결과물이다"라는 말도 있다. 앞으로 내가 어떤 생각을 하면서 살아가느냐에 따라 내 모습은 계속 달라질 것이다.

하지만 의문이 들기도 한다. 도대체 경험이 무엇이길래 나와 내 삶의 모습을 결정하는 이렇게 중요한 '생각'을 만든단 말인가. 무작정 경험만 한다고 해서 생각이 만들어지는 것일까?

기영이와 영철이가 똑같이 첫날 스피치 수업을 받았다. 오래 고민을 하다가 큰 결심을 하고 등록을 했기에 가족들이 궁금해한다.

"기영아, 오늘 스피치 수업 어땠어?"

"글쎄, 수업 들을 땐 약간 느낌이 왔었는데 지금은 기억나는 것이 하나도 없네."

이때 기영이는 스피치 수업이라는 경험은 했지만 이 경험을 통해서 생각을 만들었다고 할 수는 없다.

반면에 영철이는 이런 대답을 했다고 해보자.

"영철아, 오늘 스피치 수업 어땠어?"

"첫날이라 다른 건 잘 모르겠지만 하나는 확실히 깨달았어. 말을 잘하고 싶은데 잘하지 못하는 이유가 자꾸만 껍데기뿐인 '말'을 잘하려고 했기 때문이라는 거야. 그래서 이제부터 말을 하기 이전에 내가 표현하고자 하는 생각이 무엇인지를 먼저 알아보고, 그것을 있는 그대로 표현해봐야지 라고 다짐했어."

영철이는 스피치 수업이라는 경험을 통해 이야기하고자 하는 내용의 '생각'을 만들었다고 할 수 있다.

('스피치 근육 키우기'는 3장에서, '생각 근육 키우기'는 5장에서 자세히 살펴보기로 한다)

이와 같이 **경험 자체가 생각을 만들어주는 게 아니라, 경험을 통해 알게 되고 이해하고 깨닫게 된 것이 생각이 되는 것이다.** 크고 깊은 생각을 갖기 위해서는 경험을 '어떻게' 하느냐가 무엇보다 중요하다고 할 것이다. 그렇지 않다면 기영이처럼 경험한 사람이나 경험하지 않은 사람이나 무슨 차이가 있겠는가?

경험을 통해 깨닫게 된 것이 생각이 된다. 이것을 '경험지'라고 한다. 경험지와 함께 생각은 인간만이 가지고 있는 천부적인 능력인 상상력이 보태어져서 더 크고 깊어지게 된다.

예를 들어 계단에서 굴러 떨어져본 경험이 있는 사람은 그 아픔과 공포, 위험성을 알게 된다. 그로 인해 더 높은 곳에서 떨어지면 크게 다치거나 죽을 수도 있다는 사실을 알 수 있다. 굳이 10층 높이에서 떨어져보지 않아도 말이다.

생각을 잘한다는 것은 경험지와 상상력이라는 재료를 상황에 맞게, 상대에 맞게, 주제에 맞게 잘 활용하는 것이다. 그리고 이러한 생각을 일에 적용하면 '일 잘한다' 라는 말을 듣게 되고, 인간관계에 적용하면 '사람 참 좋다' 라는 말을 듣게 되고, 말에 적용하면 '말 잘한다' 라는 평을 듣게 된다.

생각을 잘하기 위해서는

,

《생각의 탄생》의 저자인 로버트 루트번스타인은 책에서 이렇게 말했다.

"누구나 생각한다. 그러나 누구나 똑같이 잘 생각하는 것은 아니다."

생각을 잘하기 위해서는 정신적 요리법(생각)과 그 도구의 용법(생각 도구)을 오랜 기간 동안 숙련해야만 가능하다고 한다. 즉 '다시 생각하기'가 필요하다는 말이다.

현재 하고 있는 일들부터 '다시 생각하기'를 통해 재검토를 해보자. 지금까지 관행적으로 해오고 있는 일에 적용을 해보는 것이다.

이 일은 어떤 목적을 가지고 있나, 왜 그 목적을 달성해야 하는가, 그로 인해 이 일은 어떤 기여를 하고 있는가, 목적을 달성하기 위해서 이 일 이외에는 없는가, 이 일을 진행하는 지금의 방법이 효과적인가, 다르게 하는 방법은 없는가 등. 그렇게 해서 기존의 일을 그대로 진행하는 것이 가장 효과적이라는 결론이 나오더라도 업무를 수행하는 태도는 그 이전과 확연히 달라질 것이며 성과에도 영향을 줄 것이다.

요즘 생각 없이 사는 사람들이 많다고들 한다. 스스로 생각하고 행동하기 보다는 다른 사람들이 생각한 것을 내 생각인 양 받아들여 살아가는 사람들이 많다는 얘기일 것이다. 다른 사람들의 생각에 맞추어 살아가다 보면 어느 순간 '이게 아닌데, 내 길이 맞나, 내가 원하는 삶인가?'라는 의문이 들면서 혼란스러워진다.

우리 삶의 모습이 이러하듯이 말도 마찬가지다. "누구나 생각한다. 하지만 누구나 똑같이 잘 생각하는 것은 아니다." 이것을 바꾸어 적용해보면 "누구나 말을 한다. 하지만 누구나 똑같이 잘 말하는 것은 아니다."

상황과 상대방, 주제를 이해하면서 내 생각에 대해 '다시 생각하기'를 통해 표현하지 않고 그냥 생각나는 대로 표현하면 말실수를 하게 되거나, 의미 없는 말을 하거나, 상황에 어울리지 않는 말을 하게 될 가능성이 높아진다. 이미 쏟아내고 나면 수습하기가 그리 만만치 않다.

다시 한번 상기해보자.
말을 잘하는 것은 생각을 잘하는 것이다.

말은 왜 할까?

○
,

    우리는 일상에서 많은 말을 하면서 살아가고 있지만 왜 말을 하는지에 대해서는 잘 생각하지 않는다.

    "우리는 말을 왜 할까요?"

    수업시간에 이렇게 질문을 던지면 많은 분들이 한순간 멍한 표정을 짓다가 대답한다.

    "내 생각을 전달하려구요."

    "맞습니다. 그런데 내 생각을 전달해서 뭐 하시려구요?"

    "(왜 이러세요? 라는 표정으로) 상대방에게 이해시키려구요."

    "그렇군요. 그럼 이해시켜서 뭐 하시려구요?"

이쯤되면 지금 말장난을 하는 것인가 하는 표정으로 나를 빤히 쳐다본다. 그러다가 작은 목소리로 이렇게 대답한다.

"그래야만 뭔가를 할 수 있으니까요."

그렇다. 우리는 무엇인가 필요한 것이 있거나 원하는 것이 있을 때 말을 한다. 그렇지 않다면 말을 하지 않는다. 그냥 가만히 있거나 입 다물고 자기 할 일을 한다. 공적인 상황이나 사적인 상황이나 예외가 없다.

예를 들어 지금 목이 마르다면, 목마름을 해결하기 위해 필요한 것을 생각한다. 물, 식혜, 청량음료, 이온음료 아니면 시원한 생맥주 한잔 등을 생각하다가 하나를 선택한다. 그리고 말한다. "저에게 물 한잔 줄 수 있습니까?"

특별히 중요한 일이 없는데 친구에게 전화를 걸어 수다를 떨 때도, 한동안 연락을 하지 않아서 친구의 근황이 궁금하기도 하고 그간 소원했던 것 같기도 해서, 이런 부분을 해소하기 위해서이다. 회의를 할 때나 건의 및 업무 전달 상황 등 공적 상황에서의 말하기는 각각의 현안을 해결하기 위해서이다.

이와 같이 우리가 말을 할 때는 어떤 의도가 있거나 목적이 있다. 결국 말을 하는 이유는 내가 필요한 것 또는 원하는 것을 해결하거나 달성하기 위해서이다. 그렇기에 말을 잘한다는 것은 애초에 말을 하고자 했었던 어떤 의도나 목적을 달성할 수 있는 능력이라고 할 수 있다.

유창하게 말을 하고 싶은 유혹에 빠져 애초에 말을 하고자 했던 의도가 무엇이었는지를 잊어버리면 말은 갈피를 잡지 못하고 엉뚱한 곳에서 헤매게 된다. 말을 잘하는 사람이 아니라 근본 없는 말만 많이 하는 사람이 되고 만다.

여기서 한 가지 더 생각해봐야 할 것이 있다. 내가 필요한 것이나 원하는 것은 누가 달성시켜 주는가? 지금 내 말을 듣고 있는 상대방이다. "물 한잔 주세요" 했을 때 줄 것인지 말 것인지를 결정하는 사람은 상대방이다. 같은 목적을 가지고 있다고 하더라도 상대방에 따라 말하는 방법이나 내용이 달라져야 한다. 개떡같이 말하더라도 찰떡같이 알아들을 사람은 많지 않다. 찰떡같이 알아들었다 하더라도 개떡같이 말하는 사람이라는 것에는 변함이 없다.

지금까지의 내용을 정리하자면 말을 잘하는 능력이란 '나의 생각이나 느낌을 상황과 상대, 주제에 맞게 잘 정리해서 상대방이 이해하고 인정할 수 있는 표현을 통해 내가 원하는 목적을 달성할 수 있는 능력'이라고 할 수 있다. 말을 하는 주체는 '나'이지만 말하기의 중심은 '상대방'이다. 이것이 스피치 여행을 통해 도착해야 할 목적지이다.

2장

발표는
불안해

'내가 잘할 수 있을까…
내가 이럴 줄 알았어. 역시 나는 안 돼.
그동안 내가 얼마나 이 문제 때문에 고민하고 준비했는데
아, 난 정말 왜 이럴까?'

누구나 떨린다 ─────────────

,

　이제 목적지를 알았으니 출발하면 된다. 그런데 발길이 쉽게 떨어지지 않는다. 머리로는 알겠는데 몸이 선뜻 움직이질 않는다. 바로 불안이라는 놈이 내 발목을 잡고 놓아주지 않아서다. 앞에 나서서 발표할 생각만 해도 벌써부터 가슴이 쿵쾅거리고 얼굴이 붉어지고 마음이 초조해지며 온몸이 떨려온다.

　"다른 사람들은 모두 아무렇지도 않게 발표를 잘하는데 저만 왜 이렇게 떨리고 아무 생각도 나지 않는 걸까요? 정말 속상합니다."

과연 그럴까? 정말 다른 사람들은 다 괜찮은데 나만 그런 걸까? 많은 사람들이 지켜보고 있는 가운데 단상에 혼자 서 있는 상황에서 긴장감이나 떨림이 없다면 그것은 정상일까? 더군다나 가만히 서 있기만 하는 것이 아니라 어떤 주제에 대해 내 생각을 표현해야 하고 그로 인해 내가 맡은 역할에 책임을 다해야 하는 상황이다. 어떻게 아무렇지도 않을 수 있을까? 만약 그렇다면 그 사람은 살아있는 생물이라고 할 수 없을 것이다. 생각과 감정과 느낌을 가지고 있는 사람이 그것을 느끼지 못한다면 오히려 그것이 비정상이다.

　누군가가 나를 비웃고 놀린다면 화가 나는 게 정상이다. 추진했던 일이 잘 되어서 칭찬을 받았다면 기쁜 마음이 드는 게 정상이다. 처음 해보는 일이라면 두려운 감정이 생기는 것이 정상이다. 충분히 연습을 하고 자신이 있는 일이지만 평가를 받는 상황이라면 긴장되고 떨리는 것이 정상이다. 그렇지 않다면 어떠한 생각도 감정도 느낄 수 없는 기계이거나 상황 인지 능력이 떨어지는 미숙한 사람이거나, 무책임한 사람이지 않을까? 그것도 아니면 세상의 이치를 완전히 통달한 신이거나.

긴장과 떨림은 대부분 사람들이 느끼는 자연스러운 감정이다. 이러한 사실을 받아들일 때 우리는 불안에 발목 잡히지 않고 그 다음으로 넘어갈 수 있다.

요즘 경연 프로그램이 많다. 참가자들을 보면 경력 여하를 떠나서 무대에 올라가기 전에 극도로 긴장하는 모습을 보여준다. 심호흡을 하거나 몸을 가볍게 움직이거나 발성연습을 하며 최대한 몸의 긴장을 풀려고 노력한다. 연습생이나 초보 뿐만 아니라 무대 위에서 한평생 노래를 불러온 프로 중에 프로들도 무대에 올라가기 전 대기실에서의 모습을 보면 우리 일반인과 크게 다르지 않다.

이렇듯 나를 드러내어 표현을 해야 하는 상황에서는 누구든 평소와는 달리 긴장을 하게 되고 몸이 경직되고 심장이 터질 듯 쿵쾅거린다. 이런 모습은 지극히 자연스럽고 정상적인 반응이다.

긴장이라는 에너지를 사용하는 법 ———

○
,

긴장감을 느끼지 못한다면 어떻게 될까?

걷거나 뛰는데 아무리 능숙한 사람이라도 신호등이 없는 횡단보도를 건널 때 주의를 기울이지 않는다면 무슨 일이 일어날까? 칼을 쓰는데 뛰어난 요리사라고 하더라도 음식재료를 채썰며 아무 생각 없이 칼을 쓴다면 어떻게 될까?

긴장을 하지 않으면 예기치 못한 사고로 이어질 가능성이 높아진다. 일상에서도 크고 작은 실수를 빈번하게 저지르게 된다. 지금까지 무사하게 생활하고 있다는 것은 긴장을 잘 유지하면서 살아왔다는 증거다.

발표는
불안해

'긴장감'을 긍정적으로 받아들이면 주의력과 집중력이 생겨 하고자 하는 일의 완성도를 높여주는 생산적인 에너지가 된다. 하지만 부정적으로 받아들이면 근심과 불안을 키우는 소모적인 에너지가 된다. 긴장은 최선을 다해 준비하는 나로 만들 수도 있고 걱정만 하며 시간을 낭비하는 나로 만들 수도 있다.

평소에 발표에 자신이 없는 김 대리가 회사에서 지진 화재 등 재난상황 대처 매뉴얼에 대한 브리핑 업무 지시를 받았다고 해보자. 그때부터 브리핑에 대한 생각이 머릿속에 가득하다.

'브리핑을 해야 한다는 생각만으로도 벌써부터 이렇게 떨리고 겁이 나는데 당일에는 어떻겠어. 도망 갈 수도 없고 잘하지 못하면 모두들 나를 어떻게 생각할까? 이번 일로 찍히면 승진에도 문제가 있을 거야. 망치면 안 되는데 어떻게 해야 하지.'

일을 할 때, 밥 먹을 때, 심지어 잠을 자려고 할 때도 걱정이다. 잘해야 한다는 책임감에 사로잡혀 급기야는 두려움과 불안이 괴물처럼 덮쳐온다. 결국 걱정만 하다가 브리핑 날이 왔다.

결과는 예상했던 대로다. 벌겋게 상기된 채 브리핑 내내 더듬거리며 동료들 눈도 제대로 마주치지 못하고 쩔쩔매다가 끝이 나고 만다.

'내가 이럴 줄 알았어. 역시 나는 안 돼. 그동안 내가 얼마나 이 문제 때문에 고민하고 준비했는데 아 난 정말 왜 이럴까?'

여기에서 잠깐, 김 대리는 브리핑을 잘해야 한다는 생각을 잠시도 잊지 않고 걱정을 했다. 그렇기에 본인은 노력했다고 생각한다. 심지어 잠잘 때 꿈까지 꿨다. 꿈에서도 준비를 했다고 생각한다. 이만큼 했는데도 역시 안 됐다고 생각한다. 과연 김 대리는 브리핑 준비를 한 것일까, 걱정만 한 것일까?

똑같은 업무 지시를 받은 이 대리는 이렇게 대처한다.

'이번에 회사 중역들과 동료들 앞에서 재난 대비 안전 수칙에 대한 매뉴얼을 발표해야 한다. 중역들 앞에서 발표를 해본 경험이 없는데 좀 걱정이다. 혹여나 실수한다면 나뿐만 아니라 우리 부서까지도 큰 낭패를 볼 거야. 벌써부터 떨리네. 중요한 발표이니만큼 잘 준비를 해보자. 긴장도 되고 걱정도 되지만 지금은 최선을 다해 준비하는 게 내가 할 수 있는 일이야.'

이 대리는 스스로를 다독이면서 '걱정하는 나'에서, '준비하는 나'로 방향을 전환한다. 자료를 모으고 팀장에게 자문도 구하고 동료들과 의견을 나누면서 PPT 자료를 작성한다. 작성한 자료를 동료들 앞에서 리허설 해본다. 자료와 발표하는 모습을 피드백 받으면서 조금씩 수정하고 보완한다. 수차례 연습을 통해 부서원들로부터 긍정적인 평가를 받는다. 브리핑 당일, 연습할 때와는 달리 심장 박동 수가 빨라지고 호흡이 불안정함을 느낀다. 얼굴도 상기가 되고 몸이 굳으면서 떨리는 듯하다. 이 대리는 스스로를 쓰다듬는다.

'괜찮아. 너무 잘하려고 하지 말자. 지금까지 준비한 대로만 최선을 다해서 하자. 천천히 깊게 숨을 내쉬고 다시 들이마시자. 입꼬리를 살짝 올리고 마음의 근육을 풀자. 떨리면 떨리는 대로 준비한 내용에 집중해서 하자. 넌 할 수 있어.'

다소 긴장된 상태로 조금 뻣뻣하게 시작했지만 발표가 진행되면 될수록 안정이 되고 몸도 풀리면서 준비한 발표를 마칠 수 있었다. 주위로부터 수고했다는 말을 들으면서 비로소 긴장이 풀리고 얼굴에 웃음기가 돌며 이렇게 외친다. "됐어, 하하하."

긴장이라는 에너지를 어떻게 사용하느냐에 따라 결과는 이처럼 차이가 난다. 그 사람이 가진 능력과는 무관하게 말이다.

발표 불안은 개구쟁이다 ————

○

,

  현실에서는 이 대리보다 김 대리와 같은 사람이 많다. 발표
불안에서 자유로울 수 있는 사람은 많지 않다. 그러면서 모두
이 대리처럼 할 수 있기를 바란다. 어떻게 하면 될까?

  발표 불안의 노예가 되지 않기 위해서는 불안을 무심하게 대
하는 연습이 필요하다. 누구나 앞에 서면 떨린다. 정상적인 상
황을 비정상이라 생각하고 없애려고 매달리는 순간 헤어나올
수가 없다. 할 수 없는 일을 하려고 하니 문제만 더 커지게 된다.
  제목은 기억이 잘 나지 않지만 예전에 이런 동화를 읽은 적

이 있다. 밤을 무척이나 싫어하는 할머니가 살고 있었다. 날마다 밤이 찾아오는 것을 견딜 수 없었던 할머니는 밤을 없애버리기로 결심했다.

'밤이 찾아오면 빗자루로 쓸어 담아 포대기에 넣고 꽁꽁 묶어서 버릴 거야. 그럼 밤은 없어지겠지.'

드디어 밤이 찾아오자 할머니는 기다렸다는 듯이 달려나가 밤을 빗자루로 쓸어서 포대기에 담기 시작했다. 하지만 밤은 그렇게 쉽게 없어지지가 않았다. 아무리 쓸어 담고 쓸어 담아도 깜깜한 밤은 사라지지 않았다. 급기야 할머니는 쓰러져 잠이 들었다. 다음 날 깨어보니 여전히 깜깜한 밤이 세상을 뒤덮고 있었다. 그 모습에 화가 난 할머니는 다시 힘을 내어서 더 열심히 밤을 쓸어 담아 포대기에 담았다. 그러다 지쳐 쓰러지고 다시 깨어나니 깜깜한 밤은 할머니를 놀리는 듯 그 자리에 그대로 있었다. 이제 할머니는 낮의 세상을 잃어버리고 그토록 싫어했던 밤의 세상에서 밤을 없애기 위해 사투를 벌이는 고통의 나날을 보내게 되었다.

대략 이런 줄거리의 이야기였다. 동화속 할머니를 보면서 무슨 생각이 드는가?

하루는 낮과 밤으로 이루어져 있는 것이 정상이다. 때가 되면 낮이 되고 때가 되면 밤이 된다. 이것은 내가 싫다고 해서 없앨 수 있는 게 아니다. 할 수 없는 일에 매달리면 우리도 동화 속 할머니와 같은 모습이 될 수밖에 없을 것이다.

발표 불안도 이와 마찬가지다. 없애려고 하면 할수록 더 깊이 빠져 헤어나오지 못하게 된다. 발표 상황에서만이 아니라 일상의 삶 전체로 번져나가 정상적인 생활을 하지 못하게 되는 결과를 만들 수 있다. 할 수 없는 일은 없애려고 노력하기보다 무심히 대하면서 내가 할 수 있는 일에 노력을 집중하는 것이 훨씬 효과적이다.

개구쟁이들의 습성을 한번 살펴보자. 살금살금 몰래 다가가 상대방 옆구리를 갑자기 콱 찌른다. 찔린 사람은 화들짝 놀라면서 "야 이놈아" 하고 소리를 지른다. 깜짝 놀라며 반응하는 모습에 개구쟁이는 까르르 넘어간다. 잠시 후 기회를 엿보다가 다시 살금살금 다가가 또 옆구리를 쿡 찌른다. 이전보다 더 격하게 반응하는 모습에 더욱 신이 난다. 시간이 날 때마다, 놀라게 할 수 있는 상황이 있을 때마다 개구쟁이의 장난은 계속된다. 개구쟁이에게 있어서 이보다 더 좋은 먹잇감이 없다.

불안해

개구쟁이는 다른 사람에게도 가서 장난을 친다. 몰래 다가가서 갑자기 옆구리를 쿡 찌른다. 옆구리를 찔린 사람이 고개를 돌려 물끄러미 쳐다보다가 아무 일 없다는 듯이 이내 자신이 하던 일을 계속한다. 순간 개구쟁이는 '이게 뭐지, 이게 아닌데'라며 고개를 갸웃 한다. 그러면서 장난을 한 번 더 걸어본다. 이번에도 별일 아니라는 듯 시큰둥하게 반응한다면 개구쟁이는 어떻게 할까? 더 이상 재미가 없어서 다른 곳으로 가버릴 것이다.

발표 불안도 개구쟁이와 같은 습성을 가지고 있다. 발표를 하려고 할 때 얼굴이 붉어지고 가슴이 쿵쾅거리면서 떨려오기 시작하면 우리는 큰일났다 싶어서 진정시키려고 애를 태운다. 모든 신경이 곤두선 채 애원하듯이 떨리지 말라고 매달리게 된다. 몸에 힘은 더 들어가고 떨리는 모습을 보이고 싶지 않고 들키고 싶지 않은 마음이 크면 클수록 심장은 더 크고 빠르게 뛰고 쉬 진정되지 않는 모습에 당황하여 쩔쩔맨다. 이러는 사이 발표 불안은 신이 나서 몸 전체로 영역을 확장시킨다. 꼼짝없이 먹잇감이 되고 마는 것이다.

사로잡힌 포로가 어떻게 마음껏 준비한 내용을 발표할 수 있으랴. 하지만 무심히 개구쟁이를 대하듯이 발표불안증이 느껴지면 '긴장이 되어 떨리는구나' 라고 생각하며 안 떨리게 하려고 애쓰는 대신 준비한 내용에 최선을 다하자고 다짐을 해본다. 내가 왜 이 자리에 있는지, 무엇을 하려고 하는지에 집중하면서 호흡을 가다듬는다. 떨리면 떨리는 대로 시작하자 라고 마음을 먹는다. 그러면 시작은 다소 원활하지는 않아도 시간이 지나면 지날수록 서서히 안정이 되면서 궤도에 오르게 된다. 어느 사이에 발표 불안은 나에게서 떠나고 없다.

발표 불안을 없애려고 하는 노력은 밤을 없애려고 하는 할머니와 같은 행동이다. 그렇게 해서 없앨 수만 있다면 백 번이고 천 번이고 해야 할 것이다. 하지만 할 수 있는 영역이 아니다. 그렇게 해서 해결할 수 있는 문제가 아니라는 것이다. 어쩔 수 없는 것은 그대로 받아들이고 조절할 수 있는 방법을 찾는 것이 중요하다. 할 수 없는 일은 무심히 내버려두고 내가 할 수 있는 일에 집중하는 것이다.

발표 불안은 개구쟁이임을 잊지 말고 개구쟁이가 없기를 바라기보다 잘 다루는 방법을 훈련하도록 하자.

잘한다는 평가

○
,

발표를 잘하고 싶다!

'잘하고 싶다'라는 것은 무엇을 뜻할까? 잘한다는 말을 듣고 싶은 것이 아닐까? 이왕이면 "잘한다"는 말을 들으면 성취감도 느끼고 자신감도 생기고 존재감도 높아진다. 신이 나고 무슨 일이든 할 맛이 난다. 반면에 "못한다"는 말을 들으면 왠지 의기소침해지고 의욕도, 자신감도 없어진다. 나 자신이 자꾸만 작아지는 것 같고 생동감도 잃어버린다.

그래서 발표 자체보다는 발표 후 평가에 더 신경을 쓰고, 잘하지 못하면 어떻게 하나 라는 걱정이 앞선다. '잘하고 싶다'와 '못하면 어떻게 하지'는 같은 감정에 뿌리를 두고 있는 동의어이다.

발표를 준비해야 하는 상황에서 잘하고 싶다는 마음이 지나치게 커지면 어떤 일이 일어날까?

나의 경험에 의하면 아무 생각이 나지 않는다. 무엇을 어디에서 어떻게 시작해야 할지 막막해진다. 평소 잘 알고 있는 주제인데도 불구하고 전혀 생각이 떠오르지 않는다. 머릿속이 하얗게 되어버리면서 바보가 된 느낌이 든다. 이런 경험을 한 분들이 많을 것이다.

이런 상황에 빠지면 나는 심호흡을 한다. 그리고 내가 다루어야 할 주제가 무엇인가에 주의를 기울이고 집중한다. 어떻게 하지, 못하면 어떻게 하지, 저렇게밖에 못하나 라는 말을 들으면 어떻게 하지 하는 생각들이 자연스럽게 떠오르더라도 일체 눈길을 주지 않는다. 오로지 주제에만 집중하면서 관련된 상황들을 떠올린다. 그러면 차츰 안개가 걷히면서 주제에 대해 갖고 있었던 생각 퍼즐들이 하나둘씩 나타나고 서로 연결되면서 전체적인 상이 만들어진다. 발표의 목적과 의미에 맞게 상들을 편집하고 보완하고 순서를 정하면서 정리한다. 영화를 만들 듯이 정리된 생각을 처음부터 끝까지 머릿속에서 상영을 해본다.

최종적으로 이렇게 하면 애초에 발표를 통해서 달성하고자 한 목적과 의미를 이룰 수 있는가를 검토하고 확신이 생기면 확정을 짓는다. 마지막으로 자연스럽게 발표를 하기 위해 예행연습을 한다.

발표뿐만 아니라 무엇인가를 잘하기 위해서는 확고한 기준을 갖는 것이 필요하다. **먼저 '잘한다'는 것에 대한 자기 기준이 있어야 한다. 스스로 평가 기준을 갖고 있어야 한다.** 멋지고 유창하게 하는 것도 중요하겠지만 그보다는 내가 준비한 것을 얼마만큼 최선을 다해서 잘 펼쳐내었는가가 그 기준이 될 수 있을 것이다. 기껏 준비를 해놓고 준비한 내용을 충실히 말하지 못했다면 나름 매끄럽게 잘 표현했다고 하더라도 '잘했다' 라고 평가할 수는 없을 것이다. 반면 조금은 긴장을 했더라도 준비한 내용을 소신있게 말했다면 '잘했다' 라고 할 수 있다.

그 다음은 '얼마만큼 목적에 부합했는가'이다. 예를 들면 평소 발표에 자신이 없는 김 대리에게 신규 사업 계획에 대한 프레젠테이션을 하라는 임무가 떨어졌다. 상사 앞에서는 "못하겠습니다"라고 하지 못하고 "잘 준비하겠습니다"라고 대답하고는 혼자 고민에 빠진다. 평소 여러 사람 앞에 서면 목소리도 떨리고 준비한 내용도 하얗게 사라져버려 횡설수설하다가 급마무리하고 내려오기가 일쑤였기 때문이다. 그때마다 창피함에 고개를 들 수가 없었고 자신이 너무나도 초라하게 여겨졌다. 그곳에 있었던 사람들이 모두 자신을 비웃는 것만 같아 괴로워하던 경험들이 떠오른다.

'내가 잘할 수 있을까?'

김 대리의 '잘할 수 있을까'라는 고민은 무엇에 대한 것일까? 이번에는 떨지 않고 준비한 대로 잘할 수 있을까, 그래서 창피당하지 않고 오히려 발표 잘하는 멋진 사람으로 인정받을 수 있을까에 대한 것이 아닐까? 하지만 이것이 진정 신규 사업 계획에 대한 프레젠테이션을 하는 사람이 달성해야 할 목적일까? 상사는 김 대리가 평소 발표불안증이 있으니 이번 기회에 이미지 쇄신을 해보라는 뜻으로 맡겼을까? 회사 동료들은 떨지 않고 멋지게 발표하는 김 대리의 모습을 보며 박수를 쳐주기 위해 모여서 듣고 있는 것일까? 결코 아닐 것이다. 하지만 김 대리가 발표하는 자신의 모습과 발표 후 평판을 의식하며 잘할 수 있을까를 걱정한다면 이와 같이 말도 안 되는 상황이 되고 만다.

모든 일에는 목적과 목표가 있다. 일을 한다는 것은 바로 그 일이 가지고 있는 목적과 목표를 달성하는 것이고, 그 유무에 따라서 잘하고 못하고 가늠이 된다. 말이나 발표 또한 마찬가지다. 말을 잘하는 모습을 보여주기 위해서가 아니라 당초에 말하고자 했었던 목적을 달성하기 위해서다. 김 대리의 목적은 신규 사업 계획을 직원들에게 잘 이해시켜서 차질 없이 진행하도록 하여 성과를 낼 수 있도록 하는 것이다. '이 목적을 달성하고자 내가 잘할 수 있을까'를 생각한다면 김 대리는 자기 자신에게 국한된 좁은 사고에서 전체를 바라보는 관점으로 사고를 전환하여 체계적으로 준비할 수 있을 것이다. 그로 인해 보다 나은 성과도 기대할 수 있게 된다.

'잘하고 싶다'는 생각이 들면 나는 과연 무엇을 잘하고 싶은 가를 고민하는지 한 번 더 물어봐야 한다.

마지막으로, 다른 사람들이 '잘한다'라고 평가하는 것의 기준은 무엇일까에 대한 자기이해가 필요하다. 말하기에 있어서 상대방은 객관적이고 명확한 평가 기준을 가지고 있을까? 아니면 각자의 기호에 따라 잘한다 못한다 생각할까? 후자 쪽이 강할 것이다.

예능 진행자 중에서 강호동 스타일을 좋아하는 사람이 있는 반면에 유재석 스타일을 좋아하는 사람도 있다. 각자의 기호에 의해서 좋다 안 좋다 하는 경우가 많을 텐데 우리는 그런 평가에 너무 민감하게 반응하는 것 같다. 만약에 강호동이 요즘 유재석 스타일이 뜨는 것 같아서 자신의 모습을 버리고 유재석을 따라한다면 어떻게 되겠는가? 아니면 유재석이 강호동을 따라한다면 어떻게 되겠는가? 지금 우리가 알고 있는 강호동이나 유재석은 존재하지 않을지도 모른다.

매운 음식을 좋아하는 사람에게는 매운 맛을 제대로 내는 집이 최고의 맛집이지만 매운 음식을 먹지 못하는 사람에게는 먹으러 갈 곳이 못되는 집이다. 매운 음식을 잘 먹지 못하는 나 같은 사람에게는 맑고 담백한 음식을 하는 집이 최고의 맛집이다. 말하기 상황도 마찬가지다. 조금은 과장되게 웃기고 활달하게 말하는 스타일을 좋아하는 사람이 있는 반면에 조근조근하고 차분하게 말하는 스타일을 좋아하는 사람도 있다. 매운 음식이나 맑은 음식 자체가 잘못된 음식이 아니듯이 말하는 모습도 그 자체가 잘못된 것이 아니라 상대방의 취향의 차이일 뿐이다.

평균적으로 보면 열 명 앞에서 발표를 했을 때 세 명은 '잘했다'고 생각을 한다. 네 명은 '그런대로 했다' 생각하고 세 명은 '못했다'고 생각한다. 생김새가 모두 다르듯이 각자의 취향이 다양하기 때문이다. '잘했다'와 '그런대로 했다'는 긍정적인 평가이므로 70% 정도는 괜찮게 생각을 하는 것이니 선방을 한 것이다. 하지만 우리는 70%의 긍정적인 평가 보다는 30%의 부정적인 평가가 더 크게 느껴지고 심지어는 전체의 평가로 받아들인다. 그로 인해 좌절하고 자책하고 힘들어한다.

상대방의 반응에 대처하는 나의 모습을 바꿀 필요가 있다. "참 잘했어요" 라는 말을 들었다면 의기양양해서 우쭐거리기 보다는 나와 취향이 맞았나 보다 생각하며 감사히 받아들이면 된다. "정말 못하네" 라고 뒤에서 수군거리면 기호에 안 맞았나 보다 생각하며 속은 상하겠지만 무덤덤해질 필요가 있다.

남의 평가에 따라 하늘 높이 솟구쳐 올랐다가 깊은 골짜기로 떨어지기를 반복한다면 나로서 당당하게 살아가기가 어렵다. 내 삶의 주인은 나라고 늘 외치며 살아가고 있지만 실상은 내 삶의 주인 자리에 다른 사람의 평가가 떡하니 차고앉아서 나를 좌지우지하게 하고 있는지 생각해봐야 한다. 이런 내가 되고 싶은 사람은 아무도 없을 것이다.

'잘하고 싶다'와 '잘한다' 라는 평가에 대한 자기 이해와 확고한 자기 기준이 중요한 이유이다.

남의 시선은 단체사진이다

,

　발표를 할 때나 말을 할 때 우리를 부담스럽게 만드는 것은 다른 사람의 시선이다. 남들의 주의가 나 한 사람에게 집중되면 발가벗겨진 것처럼 온몸이 오그라들고 어색해서 어쩔 줄을 모른다.

　정말로 실수를 했거나 제대로 말을 하지 못하고 끝냈다면 밥도 안 넘어가고 잠도 잘 못 잔다. 그곳에 있었던 사람들이 만나는 사람들마다 오늘 나의 모습에 대해 이야기할 것 같고 오래도록 기억할 거라는 생각에 얼굴이 화끈거리고 쥐구멍이라도 있으면 숨고 싶어진다. 나 또한 그런 경험들이 많았다.

하지만 과연 그럴까? 내가 나 자신에게 관심을 기울이고 사소한 행동 하나하나까지 눈여겨보고 되새기고 곱씹으며 평가하듯이 다른 사람들도 나에 대해서 그렇게 하고 있을까? 아니면 길거리에서 스치듯 만난 사람이나 풍경들을 대하듯이 별 생각 없이 지나치듯 여길까?

이렇게 지나치게 남의 시선을 의식하면 내가 해야 할 것에 주의를 기울이지 못하고 엉뚱한 곳에 힘을 다 써버리게 되어 결국 내가 하고자 했던 말을 내가 원하는 모습대로 하지 못하고 망치고 만다.

그럼, 어떻게 해야 할까? 인간은 사회적 동물이기에 남의 시선을 의식하는 것은 본능이라 생각하고, 관점을 바꾸어보자.

남의 시선은 단체사진이다. 열 명이 함께 사진을 찍고 인화해서 각자에게 한 장씩 나누어주었을 때 사진을 받아보며 누구부터 가장 먼저 확인하는가? 바로 내 모습일 것이다. 사진 속의 내가 환하게 웃는 모습으로 나왔다면 사진 참 잘 나왔네 하며 기분 좋을 것이다. 눈을 감은 채 찍혔다면 참 사진 못 나왔네 하고는 사진을 치워버릴 것이다. 그런 후 내 옆에 누가 있었는지, 머리 스타일은 어땠는지, 얼굴 표정은 어떠했고 옷은 무엇을 입었으며 어떤 신발을 신고 있었는지 물어보면 기억할 수 있을까? 그렇지 않을 것이다.

이와 같이 우리는 자기 자신에게만 관심이 있지 남들에게 별 관심이 없다. 그럼에도 불구하고 우리는 소설 속 주인공이 되어 하룻밤새 수없이 성을 쌓았다가 부수고 또 쌓기를 거듭하면서 스스로를 괴롭힌다.

물론 말처럼 쉬운 일이 아니다. 그래서 훈련이 필요하다. 남의 시선을 지나치게 의식하는 나에서, 내가 해야 할 것에 주의를 돌리는 훈련이 바로 그것이다. 그렇게 한 번 두 번 경험을 쌓아나가다 보면 분명히 어제보다 나은 나의 모습이 되어갈 것이다. 예전의 내가 어떤 모습이었든 경험을 통해 배움의 장으로 만들어야지 괴로움의 구덩이로 만들어서는 발전과 변화를 기대할 수 없다. 지나치게 긴장이 되고 남의 시선이 부담스러울 때에는 이렇게 주문을 외우자.

'남의 시선은 단체사진이다.'

트라우마 극복하기 ────────

,

 살다 보면 어떤 일은 잘 잊혀지지만 어떤 일은 세월이 지나도 잊혀지지 않고 큰 상처가 되어 나를 계속 따라다니며 힘들게 한다. 특히 여러 사람 앞에서 발표를 할 때 너무 떨려서 못난 모습을 보였거나, 중요한 면접에서 실수를 하여 망친 경험은 심각한 후유증으로 남아 줄기차게 괴롭힌다.

 어떻게 해야 할까? 억지로 지워버리려 하거나 빠져나오려고 안간힘을 쓰면 오히려 더 깊이 빠져들 뿐이다. 기억하고 싶지 않은 기분과 감정에 휘둘려 스스로 올가미를 더 조이게 된다.

잊기 위해 노력하는 것은 그 순간을 한 번 더 떠올리게 하고 객관적으로 상황을 파악하기 보다는 수치심과 불편한 감정을 더 왜곡시키고 확장시켜 더 큰 두려움으로 변질시키기 때문이다.

마음을 가라앉히고 한 발 떨어져서 냉정하게 관찰자의 시점으로 그때의 상황을 바라보는 것이 중요하다. 무엇 때문에 평소와는 다르게 바보같은 모습을 보였는지 그 원인을 파악해봐야 한다. 결과에 지나치게 집착한 건 아닌지, 스스로 확신을 가질 만큼 준비를 했는지, 남과 비교하면서 다른 사람의 시선을 너무 의식하다가 주눅이 들었던 건 아닌지, 떨고 있는 모습을 들키고 싶지 않아 진정시키려다가 오히려 더 긴장해서 머릿속이 하얗게 되진 않았는지 등 면밀하게 살펴봐야 한다.

원인을 파악하고 나면, 내가 인정하고 싶지 않은 나의 모습이 어떠한 상태일 때 나오는지를 이해하게 된다. 그렇다고 해서 트라우마가 사라지는 것은 아니다.

그다음은 그때의 실패와 실수가 나를 힘들게 하고 지워버리고 싶은 순간이라는 것 외에 나에게 아무런 의미가 없는가를 물어봐야 한다. 그러면 그 전에는 없애고만 싶었던 일이었지만 그 속에서 나름의 의미들을 찾게 된다. 음이 있으면 양이 있듯이 잘하지 못한 일 속에는 성공했을 때 얻을 수 있는 것 보다 더 큰 교훈과 새로운 관점의 전환 등 이로운 부분을 함께 갖고 있다. 강철이 되기 위해서는 뜨거움과 차가움을 오가는 담금질의 과정을 거쳐야만 하는 것처럼 말이다. 따뜻한 햇볕만으로는 만물이 성장해나갈 수 없는 이치와도 같다.

이렇듯 트라우마를 만든 상황에서 의미를 찾게 되면 이전과는 다른 모습이 된다. 없애고 싶었던 아픈 기억은 배움을 얻고 성장할 수 있는 기회로 바뀌게 된다.

그래도 여전히 불안과 두려움은 가시지 않을 것이다. 되도록이면 여러 사람 앞에 나서거나 발표해야 하는 상황을 피하고 싶어진다.

배가 고픈데 계속해서 '배야 고프지 마라' 하면서 배가 안 고프길 기다린다면 어떻게 되겠는가? 더 배가 고파질 뿐이다. 그러는 시간에 밥을 먹으면 배고픔은 저절로 사라진다. 이와 마찬가지로 긴장되는 상황에서 긴장을 느끼는 것이 당연하다고 받아들이고 발표에 집중해서 준비한 대로 해나가면 긴장은 자연스럽게 가라앉게 된다. 물론 이것이 밥 먹는 것과 같이 쉽지만은 않다. 긴장하고 두려운 마음은 책임을 완수하고자 하는 의도에서 나타나는 당연한 반응이라 여기고 지나치게 신경 쓰지 않아야 한다. 그 순간 긴장감은 준비하는 에너지로 바뀌게 된다. 잘하지 못하면 어떻게 하나 하는 걱정에 매달려 시간만 소모하고 불안을 키우기보다 최선을 다해 준비를 하는 것이다.

준비된 자에게 주어지는 최고의 선물은 자신감이다. 발표 때에는 준비한 대로 나답게 맘껏 펼쳐보자. 평가는 내가 결정할 수 있는 영역이 아니니 내버려두자 라는 마음이 생기며 조금은 자유로워질 것이다.

여전히 목소리가 떨리겠지만 떨고 있는 '나 자신'에서 발표하고자 하는 '내 생각'으로 주의력과 집중력을 돌리면 어느새 나도 모르게 안정된다. 자세 훈련, 목소리 훈련, 생각 잘하기 훈련, 정리해서 표현하는 훈련 등도 중요하지만 떨리는 모습에 신경 쓰지 않고 발표할 내용에 집중하는 훈련 또한 중요하다. 이렇게 조금씩 경험을 쌓아 나가면 발표로 인한 트라우마에서 해방될 수 있다. 단 트라우마에서 해방되었다고 해서 긴장과 불안이 완전히 없어지는 것은 아니다. 오히려 그렇게 될까를 경계해야 한다. 왜냐하면 그것은 비정상이기 때문이다.

나의 길은 어떻게 만드는가 ────────

○
,

    스피치 수업을 하다 보면 흔하게 보게 되는 상황이 있다.

    다음 수업 때 발표할 과제를 미리 내주면 수강생들은 1주일 동안 열심히 준비를 해온다. 차례대로 한 사람씩 앞에 나와서 발표를 시작한다. 각자 자신의 순서를 기다리며 다른 사람의 발표를 듣는다. 순간 머리가 복잡해진다. 앞서 발표한 사람이 잘했다는 생각이 들면서 내가 준비한 내용과 다르다는 것을 느끼게 된다. 방향을 잘못 잡았나, 주제와 상관없는 엉뚱한 내용으로 준비한 건가, 준비한 대로 해도 되는가, 아닌 것 같은데 어쩌지 등의 여러 가지 생각들이 난무하면서 갈등이 시작된다.

발표는
불안해

자신감은 뚝 떨어지고 안절부절 못하는 사이 내 차례가 되고 말았다. 발표 순간, 1주일간 준비한 내용은 포기하고 앞서 발표한 사람의 내용과 순간적으로 든 생각을 섞어서 즉흥적으로 발표한다. 내용은 앞뒤가 맞지 않고 호흡은 안정되지 못해 목소리가 작고 떨리며 빠르기까지 하다. 표정은 잔뜩 굳어지고 눈동자는 동공지진이 일어나 초점을 잃는다. 제대로 마무리도 하지 못한 채 발표가 끝났다. 어색한 웃음과 함께 잘하지 못한 자신의 상황을 변명하며 자리로 돌아왔다. 후회와 실망, 창피함과 미안함에 수업시간 내내 마음이 편치 못하다.

이런 일들은 나 자신을 믿지 못하기 때문에 생긴다. 자기 확신이 없는 것이다. 스스로 이해한 것에 대해 자신이 없다. 모든 문제에 대해 하나의 정답만을 찾는데 길들여져 있어서 내 것이 그 하나의 정답인지에 대한 확신이 없다는 말이다. 나의 확신은 타인의 인정을 통해 성립되는 것이 아니다.

확신은 어떻게 해서 생길까? 시행착오 없는 확신이 존재할까? 잘하든 못하든 해보지 않고 확신을 가질 수 있는 일이 있을까? 여기에서 해보는 경험은 자기경험이다. 스스로 준비한 것을 최선을 다해서 펼쳐내는 것을 의미한다. 내가 준비한 발표 내용이 설령 방향을 잘못 잡았다고 하더라도 준비한 대로 최선을 다해 발표했을 때 진정으로 나의 경험이 된다. 그로 인해 잘한 점과 보완해야 할 점을 경험을 통해 배우게 되고, 다음 발표를 위해 준비할 때 반영되어 조금씩 조금씩 발전하게 된다. 자기 확신은 이러한 과정 속에서 굳건해진다.

하지만 위의 사례처럼 내가 준비한 것은 던져버리고 다른 사람을 따라하는 식으로 급조해서 발표를 하면 자기경험이 아니라 다른 사람의 경험을 훑고 지나가는 것밖에 되지 못한다. 왜냐하면 내가 발표를 하고 있으면서도 무슨 말을 하고 있는지, 어떤 모습으로 발표를 했는지 정작 본인은 모르기 때문이다. 단지 이 순간을 모면하기 위한 몸부림에 지나지 않는다. 자신의 길을 만들지 못하고 다른 사람이 만든 길을 허둥지둥 따라서 가다 보니 자기 확신이 아니라 자기 불신으로 이어지고 만다.

삶은 하나의 정답을 찾는 과정이 아니라 자신의 답을 찾아가는 과정이다. 기영이는 기영이답게, 순희는 순희답게, 나는 나다운 길을 찾는 것이 성공한 인생길이 될 것이다. 그렇게 하기 위해서는 1등 하는 길이 아니라 어제보다 나은 내가 되는 길을 걸어가야 한다.

우리는 감정과 생각을 갖고 있는 동물이기에 다른 사람을 보면서 내가 잘못 준비한 건 아닌가 흔들릴 수 있다. 순간 판단을 잘못해서 다른 사람이 만든 길을 선택할 수도 있다. 이 자체가 문제가 아니라 이런 경우를 반복함으로써 내가 원하는 내가 되지 못한다는 것이 문제다.

누구처럼이 아니라 보다 나은 내가 되기 위해서는 시행착오를 겪으면서 자신의 길을 만들어나가야 한다. 자기경험을 통해서 배우고, 배운 것을 다시 다음의 자기경험에 반영하면서 나아갈 때 비로소 나의 길이 만들어진다. 즉 외부에 흔들리지 않는 것이 아니라 흔들리더라도 준비한 대로 최선을 다해 펼쳐내고, 그 과정에서 배우고, 배운 내용을 또 준비할 때 적용하고 다시 최선을 다해 펼쳐내는 것이다. 우리가 부러워하는 대부분의 능력자들은 이러한 과정을 통해 자신을 만든 사람들이다.

나의 길은 어떻게 만드는가? 이외에 다른 방법이 또 있을까?

나는 왜 안 될까?

○
,

    우리가 무언가를 하고 싶고 배우고 싶을 때 망설이며 시도하지 못하는 가장 큰 이유는 아마 '잘하지 못할까봐' 일 것이다.

    스피치가 잘 안 되어서 직장이나 사회단체에서 어려움을 겪고 자신감을 잃을 대로 잃어버려서 이대로는 더 이상 안 되겠다 싶어서 찾아온 분들께서 대다수 묻는 말이 있다.

    "제가 잘하지 못하면 어떡하지요?"

    잘하지 못해서 온 사람이 배우는 과정에서 잘하지 못할까봐, 함께 하는 사람들에게 잘하지 못하는 모습을 보일까 봐 이

것이 창피하고 두려워 포기하는 경우가 참 많다. 충분히 그 심정이 이해가 되면서도 안타까운 일이 아닐 수 없다. 해보지 않고 어떻게 될지 무슨 수로 알 수 있으며, 배운다는 과정이 넘어지고 엎어지고 실수하고 어설프고 힘겹고 어려운 것인데 이 과정 없이 어떻게 잘하는 모습을 만들 수 있을까?

하지만 이 모든 것이 내 문제가 되면 참 쉽지 않다. 이미 나의 몸과 마음은 주위의 시선을 무시하기에는 너무나 커버렸기 때문이다. 또한 남의 평가가 얼마나 나 자신을 괴롭게 만드는지 경험을 통해 잘 알고 있기 때문이다.

안 될 수밖에 없는 이유를 알아보자.

첫 번째, 안 된다고 생각하기 때문이다. '될 거야' '되고 말거야' 라고 다짐하고 또 다짐하면서 이를 악물고 해도 될까 말까 한데 시작도 하기 전에 '난 안 될 거야' 라고 생각하니 될 리 만무하다. 이 세상에서 제일 쓸데없는 걱정이 해보지도 않고 '안 되면 어떻게 하지' 걱정하는 것이 아닐까?

두 번째, 잘하지 못하는 것은 그만큼 많이 안 해봤기 때문이다. 지금 현재 내가 잘하고 있는 것 중 하나를 떠올려보고 어떻게 해서 나는 그것을 이렇게 잘하게 되었는지를 살펴보라. 아마 어떤 것보다 더 열심히 더 많이 더 오랫동안 했을 것이다. 잘하고 못하고는 능력의 문제가 아니라 얼마만큼 제대로 많이 했는가의 문제이다. 무언가를 이루게 하는 가장 위대한 능력은 지속력이다. 될 때까지 하는 지속력이 승패를 좌우한다.

세 번째는 노력을 기울이는 동안 얼마만큼 지속적으로 주의를 기울이며 집중을 했는가이다. 독서를 하고 싶은데 책만 보면 잠이 오고 몇 줄 읽노라면 좀 전에 무엇을 읽었는지 기억이 나지 않아 읽을 수가 없다고 하소연하는 사람들이 많다. 그러면서 책과 체질이 맞지 않다, 젊을 때처럼 머리가 안 돌아간다, 나이 먹어서 안 된다 등의 말을 한다. 물론 어느 정도 연관이 있을 것이다. 하지만 나는 책을 읽을 때 눈은 글자를 읽고 있지만 머리는 딴 생각을 하고 있기 때문이라고 생각한다. 아무리 젊고 총명한 사람이라 하더라도 딴 생각을 하며 책을 읽거나 영화를 보면 아무것도 기억하지 못한다. 나이나 체질, 머리가 아니라 주의력과 집중력의 문제다.

이외에도 안 될 수밖에 없는 이유는 많이 있다. 그중에서 이 세 가지를 되새겨보면서 무언가를 시작하려 할 때 스스로 다짐을 해보면 어떨까?

'까짓것 죽기 아니면 까무러치기지 안 될 게 뭐야. 한번 해보지 뭐. 정신 똑바로 차리고 될 때까지 한번 해보는 거야. 아자 아자 아자자!'

3장

스피치 근육
키우기

"목소리가 너무 가늘고 떨리는 음성이라서
말을 해야 하는 상황이 오면
나도 모르게 자신감이 없어지고 입을 다물게 돼요.
그러다 보니 사람들과 어울리는 것이 너무 힘들어요."

전달매체를 매력적으로 만들기 ────

,

우리의 생각을 '말'이라는 도구를 통해 상대방에게 전달하기 위해서는 전달매체가 필요하다. 전달매체는 몸짓과 목소리다. 똑같은 내용이라 하더라도 그것을 전달할 때 어떤 몸짓으로, 어떤 목소리로 표현하느냐에 따라 전달력은 달라진다. 그로 인해 말하고자 했던 목적을 달성할 가능성 또한 달라지게 된다.

많은 사람들이 말을 할 때 '내용'에 대해서는 고민을 많이 하는데 이 내용을 '어떻게' 전달할 것인지에 대해서는 크게 신경 쓰지 않는다. 그러다 보니 목소리 톤이 처음부터 끝까지 변화가 없이 밋밋하고 지루하게 말하게 된다. 말하는 속도가 너무 빨라서 상대방이 제대로 알아듣지 못하거나 아예 속도 변화가 없어 자장가처럼 들리기도 한다. 표정도 말하는 내용과 어우러지지 못하고 눈맞춤도 적절하게 하지 못한다. 자연스럽게 손동작을 통해 말하고자 하는 바를 강조하면서 생동감 있게 표현해야 하는데 그렇게 못한다. 당연히 듣는 사람의 주의를 집중시키지 못해 특별한 인상을 못 남긴다.

말하고자 하는 목적은 지금 현재 내 말을 듣고 있는 상대방에 의해 이루어지느냐 그렇지 못하느냐가 결정이 나는데 깊은 인상을 심어주지 못한다면 말하고자 했던 의도를 이루기 어렵다.

노래를 부를 때 가장 신경을 쓰는 부분은 무엇인가? 음정과 박자가 아닐까? 그렇지 않다면 음치, 박치 소리를 듣게 된다. 나는 분명히 양희은의 '이루어질 수 없는 사랑'을 불렀는데 다른 사람은 내가 무슨 노래를 불렀는지 알지 못한다. 어디서 들어본 노래인 것 같기는 한데 정확히 알 수 없다. 노래 제목을 가르쳐주면 그때서야 '아~' 하면서 탄성을 지른다. 이루어질 수 없는 사랑이 이렇게 들릴 수도 있구나 싶다. 노래를 부를 때 음정과 박자에 자신이 있으면 가사를 음미하면서 노래의 느낌을 최대한 살려서 부르려고 감정을 모은다. 이때의 감정을 표현하는 것도 물론 몸짓과 목소리다.

다른 예를 생각해보자. 풋풋한 감성이 물오를 시절 설레는 마음을 안고 가슴 콩닥이며 사랑하는 사람에게 손편지를 써본 경험이 있을 것이다. 아무 종이에나 대충 휘갈겨 쓰는 사람은 없을 것이다. 먼저 문구점에 가서 편지지를 종류별로 살펴보면서 신중에 신중을 기해 고른다. 가장 잘 나오는 펜으로 한 글자 한 글자를 정성을 다해 쓴다. 다 쓰고 나면 밋밋하게 사등분으로 접기보다는 예쁘게 접는 방법을 최대한 동원해서 접어서 봉투에 넣는다.

이렇게 편지 내용 뿐만 아니라 편지지와 글씨에 신경을 쓰는 이유는 내 마음을 전달할 매체인 편지지와 글씨체가 어떠하냐에 따라 결과가 달라질 수 있다는 사실을 잘 알기 때문이다. 또한 내 마음만큼 예쁜 종이에 정성스러운 글씨체로 사랑을 담아 보내고 싶기 때문이다. 편지를 받은 사람이 그러한 마음을 고스란히 느낄 수 있기를 바라면서 말이다. 요즘은 손편지보다는 카톡 등 SNS로 소통하는 추세인데 여기에도 전달매체는 여전히 유효하다. 수많은 종류의 이모티콘이 바로 그 증거다.

내친 김에 하나만 더 얘기해보자. 한 편의 영화를 볼 때 영화관에서 보는 것과 집에서 텔레비전으로 보는 것 그리고 컴퓨터로 다운받아서 보는 것 중 어떻게 보는 것이 가장 재미가 있을까? 영화관에서 보는 게 가장 재밌다. 내용은 똑같지만 전달매체가 다르기 때문이다. 대형 스크린과 웅장한 음향시스템으로 감상하면 영화의 깊이와 몰입도는 달라지고 그만큼의 감동이 전해진다. 그렇기에 더 비싼 돈과 영화관까지 기꺼이 가는 수고로움과 시간을 아끼지 않고 투자한다.

편지지와 영화관의 대형 스크린은 우리가 말을 할 때 '몸짓'에 해당이 되고 글씨체와 음향 시스템은 '목소리'에 해당한다. 똑같은 말이라도 이 말을 전달하는 매체 즉 몸짓과 목소리가 어떠하냐에 따라 전달력과 파급효과는 달라진다. 어떻게 소홀할 수 있겠는가?

재밌는 상상을 한번 해보자. 여러분은 어마어마한 부자다. 집도 으리으리하게 크고 좋다. 거실도 넓을 것이며 텔레비전도 대형이다. 편안하게 휴식하면서 평소 좋아하던 프로그램을 보고 있는데 텔레비전이 맛이 가버렸다. 그래서 새로 한 대 사기 위해서 전자대리점으로 갔다. 그곳에는 다양한 가격대의 텔레비전이 전시되어 있다. 예를 들어 오십만원부터 오백만원까지 있다고 해보자. 여러분은 어떤 제품을 구입할 것인가? 특별한 경우가 아니라면 최고가의 제품을 구입하지 않을까? 왜냐하면 그 제품이 지닌 하드웨어의 가치를 인정하기 때문이다. 같은 프로그램이라 하더라도 더 뛰어난 텔레비전으로 시청하면 만족도가 훨씬 높아지기 때문에 열 배의 돈을 투자한다.

이제 여러분이 전자매장에 진열되어 있는 텔레비전이라고 상상해보자. 그럼 지금 현재 여러분 앞에는 얼마의 가격이 매겨져 있을까? 허탈한 웃음이 나오는 사람이 있는가? 실망할 일이 아니다. 지금이 중요한 것이 아니라 앞으로 얼마의 가격이 매겨지기를 바라는가가 더 중요하다. 왜냐하면 전달매체는 얼마든지 나의 노력에 의해서 매력적으로 업그레이드가 가능하기 때문이다. 말하는 능력에 있어서 말의 내용 뿐만 아니라 그 내용을 전달할 때 사용하는 전달매체의 중요성을 인식했다면 이미 충분한 동기가 생겼다는 의미이고, 이제부터 시작하면 되기 때문이다.

호흡 훈련 ─────────────────────

○

,

 스피치 수업을 하다 보면 목소리 때문에 고민하는 분들을 많이 만난다. 평소 목을 많이 써야 하는 선생님, 전문분야 강사, 각 분야별 해설사를 비롯해서 일반인까지 다양하다. 고민의 종류도 다양하다.

"목소리에 힘이 없어서 학생들을 장악하기가 힘들어요. 그래서 수업하는 것이 너무 힘들고 쉽게 지칩니다."
"잠깐은 괜찮은데 오랫동안 말을 하면 목이 아프고 소리도 잘 안 나옵니다."

스피치 근육
키우기

"너무 지루하게 말을 해서 끝까지 듣기가 힘들다는 얘기를 많이 들어요. 말을 할 때 목소리에 고저도 없고 강약도 없다면서 좀 변화를 주면서 말을 하라고 하는데 마음처럼 잘 안 되어서 속상해요."

"목소리가 너무 가늘고 떨리는 음성이라서 말을 해야 하는 상황이 오면 나도 모르게 자신감이 없어지고 입을 다물게 돼요. 그러다 보니 사람들과 어울리는 것이 너무 힘들어요."

"나는 평소처럼 말을 하는데 자꾸만 왜 화난 사람처럼 말을 하느냐는 소리를 많이 들어요. 괜한 오해를 사서 다툰 적도 있어요."

"발음이 안 좋아서 꼭 두 번 세 번 말을 해야만 상대방이 겨우 알아들어요. 말을 할 때마다 눈치부터 살피는 내가 싫어요."

고민의 사연들은 각양각색이다. 그간에 얼마나 힘들었을 것인가. 알게 모르게 손해도 많이 봤을 것이다.

목소리의 질에 영향을 주는 요소는 여러 가지가 있겠지만 그중에서 가장 대표적인 것이 '호흡'이다. 소리는 공기의 파장에 의해서 생긴다. 공기가 없는 진공의 상태에서는 소리가 나지 않는다. 숨을 들이마시고 내쉬는 과정을 어떻게 하느냐에 따라 다양한 목소리가 나온다. 긴 소리 짧은 소리, 높은 소리 낮은 소리, 강한 소리 약한 소리, 큰 소리 작은 소리, 울림 있는 소리 건조한 소리, 말의 속도까지도 달라진다. 내 목소리의 주인은 호흡이다.

많은 사람들이 말을 할 때 목소리에 대해서는 신경을 쓰지만 내 목소리를 좌지우지하는 호흡에 대해서는 별 신경을 쓰지 않는다. 내 목소리나 말투가 마음에 들지 않지만 마땅한 해결책을 찾지 못하고 원래 나는 이런 모양이야 하면서 속상하지만 체념하는 것이다. **호흡만 제대로 해도 지금보다 훨씬 더 멋진 목소리로 전달력 높은 말하기를 할 수 있다.**

그럼, 지금부터 말하기에 가장 알맞은 호흡방법에 대해 알아보도록 하겠다.

우리 인간은 대체로 세 가지 방법에 의해서 호흡을 한다고 한다. 배로 하는 복식 호흡, 가슴으로 하는 흉식 호흡, 가슴과 배를 함께 사용하는 흉복식 호흡이 그것이다. 이 세 가지 호흡법 중에서 말하기를 하는데 있어서는 어떤 호흡이 가장 좋을까? 바로 배로 하는 복식 호흡이다.

복식 호흡은 깊은 호흡이기 때문에 깊은 곳에서 소리를 내면 소리 자체가 안정감이 있고 힘이 있다. 여기에서 힘 있는 소리라고 하는 것은 시끄럽게 내는 큰 소리가 아니라 신뢰감을 줄 수 있는 깊이 있는 소리를 뜻한다. 두 번째는 안정된 자세에서 말을 할 수가 있다. 복식 호흡을 하면 상체는 움직이지 않는 상태에서 배만 나왔다가 들어갔다가 한다. 반면 흉식 호흡은 상체, 특히 어깨가 들썩거리게 되어 불안정한 모습이 된다.

뉴스를 진행하는 아나운서를 자세히 관찰해본 적이 있는가? 일반적으로 뉴스는 카메라가 아나운서의 흉상 부분을 잡은 상태에서 진행된다. 이때 앵커가 호흡할 때마다 어깨를 들썩이면서 진행한다면 그 모습이 눈에 거슬려서 정작 중요한 뉴스 내용에 집중하기 어려울 것이다. 하지만 지금까지 뉴스를 보면서 아나운서의 불필요한 움직임 때문에 시청하기 불편했던 적은 없었을 것이다. 아나운서들은 모두 복식 호흡의 달인들이다.

복식 호흡을 연습해보도록 하자. 책상에 앉아서 책을 보고 있다면 그 상태에서 허리를 반듯하게 편다. 얼굴은 내 몸과 일직선이 되게 턱을 가볍게 잡아당긴다. 상체의 힘은 모두 뺀다. 숨은 코로 들이마시고 입으로 내쉰다. 이때 호흡을 배까지 깊이 넣기 위해서 한 가지 가정을 한다. 내 배를 풍선이라고 생각하는 것이다. 풍선에 공기를 불어넣으면 서서히 팽창하면서 탱탱하게 힘이 느껴진다. 이와 마찬가지로 내 배를 풍선이라고 생각하면서 코로 숨을 들이마실 때 의도적으로 부풀려준다. 그러면 횡경막을 지나 깊은 곳까지 호흡이 내려가기가 수월해진다. 이때 배는 앞으로 부풀어지면서 전체적으로 팽창되는 듯한 느낌이 든다. 충분히 들이마셨다면 아랫배 부분에 풍선처럼 힘이 느껴질 것이다. 그 상태에서 호흡을 딱 멈춘다. 이때 배에 느껴지는 힘은 그대로 유지하고 있는 것이 중요하다. 그러면서 이번에는 입으로 숨을 내쉰다. 이때 배를 잡아당기거나 배에 힘을 풀어버리는 분들이 많이 계시는데 그렇게 하지 말고 그대로 유지한 상태에서 숨만 입으로 내쉬어야 한다. 다 내쉬고 나면 어느 순간 내 배는 제자리로 돌아와 있을 것이다.

처음에는 어색하고 부자연스러울 것이다. 배에 힘이 들어가는 느낌이 어떤 것인지, 깊은 곳까지 호흡이 내려가고 있는지 판단하기가 쉽지 않을 것이다. 편하고 쉽게 숨 쉬고 싶다는 유혹도 들 것이다. 당연하다.

우리는 지금 '호흡'이라는 스피치 근육을 키우고 있는 중이다. 이것은 몸의 근육을 키우는 과정과 다를 바 없다. 몸짱이 되고 싶을 때 우리는 어떻게 하는가. 헬스장으로 간다. 평소 운동을 하지 않다가 갑자기 근력운동을 하고 나면 다음날 아침에 온몸이 쑤시고 아프다. 안 하던 운동을 했으니 근육통이 생기는 것은 당연하다. 우리는 병원이 아니라 다시 헬스장으로 간다. 그리고 또 열심히 근력 운동을 한다. 어제보다 더 힘들지만 이를 악물고 악착같이 한다. 이렇게 열흘 한 달 계속하면 어느 순간 근육통은 사라지고 몸이 조금씩 단단해진다.

기존에 익숙하게 사용하던 근육이 아니라 사용하지 않았던 근육을 사용하면 고통이 따르는 것이 당연하듯이 스피치 근육도 마찬가지다. 기존에 편안하게 사용했던 호흡법을 다르게 하는 데서 오는 어려움이다. 나만 이상한 것이 아니라 모두가 겪는 지극히 당연한 현상이다. 바른 호흡법을 꾸준하게 익힌다면 어느 순간 편안하게 할 수 있는 나의 호흡법이 된다.

스스로 복식 호흡을 제대로 하고 있는지 자가진단을 해보는 간단한 방법이 있다. 숨을 들이마실 때 가슴 부위가 위로 열리는 듯한 느낌이 든다면 흉식호흡을 하고 있는 것이다. 아랫배 중심으로 항아리처럼 동그래지면서 무게 중심이 내려가는 느낌이 든다면 복식 호흡을 하고 있다고 판단해도 좋다. 내 몸의 상태를 잘 관찰하면서 다시 한번 해보자. 숨을 들이마실 때나 내쉴 때 확 들이마시고 내쉬기 보다는 서서히 일정하게 들이마시고 내쉬는 것 또한 중요하다.

지금부터는 필자가 호흡법을 연습할 때 배웠던 몇 가지 방법들을 소개하겠다.

첫 번째는 숨을 들이마실 때 이 세상에서 가장 부드러운 깃털이 내 콧구멍 아래에 있다고 상상을 한다. 그리고 그 깃털이 흔들리지 않게 숨을 들이마신다. 내쉴 때는 다시 깃털이 내 입에 있다고 생각하고 흔들리지 않도록 천천히 내쉰다. 이렇게 연습하면 호흡을 일정하게 조절하면서 배로 호흡하는 효과를 높일 수 있다.

두 번째는 얼굴에 붙어 있는 코가 배꼽 아래에 붙어 있다고 상상을 한다. 호흡을 할 때 얼굴에 있는 코가 아니라 배꼽 아래에 있는 코로 한다고 생각을 하면서 하는 것이다. 배로 호흡하고 있다는 느낌이 훨씬 더 강할 것이다.

마지막으로, 무게감이 있는 두꺼운 책을 준비하고 방바닥에 편안하게 눕는다. 책을 아랫배에 올려두고 온몸에 힘을 뺀다. 숨을 들이마실 때 서서히 배를 부풀려준다. 그러면 책이 자연스럽게 위로 올라올 것이다. 충분히 들이마셨다면 숨을 멈추고 열까지 숫자를 센다. 그런 후 배에 힘을 그대로 유지한 상태에서 입으로 숨을 천천히 내쉰다. 다 내쉬고 나면 책은 자연스럽게 본래의 높이로 돌아와 있을 것이다. 이 훈련을 서른 번 정도 반복해서 한다. 힘들면 횟수를 줄여도 된다. 이 훈련을 지속하면 복식 호흡을 할 때 배에 힘이 들어가는 느낌이 어떤 것인지 확실하게 감을 잡을 수 있을 뿐더러 훈련의 효과 또한 높다.

어떤 방법이든지 나에게 잘 맞는 방법을 찾아서 내 몸이 기억할 때까지 지속적으로 훈련하는 것이 중요하다. 내 몸이 기억할 때까지가 무척 중요하다. 자전거를 배울 때 처음에는 어떤가. 자전거를 타는 방법은 이론적으로 아주 간단하지만 실제 해보면 중심 잡는 것조차 쉽지 않아 넘어지기가 일쑤다. 하지만 계속 연습을 해서 잘 탈 수 있게 되면 내 몸이 알아서 자전거와 한몸이 된다. 배울 때는 중심 잡고 자전거 페달에 발을 올리는 것도 어설펐지만 익숙해지고 나면 두 손을 놓고도 자전거를 내 마음대로 부릴 수 있다. 십 년쯤 자전거를 안 타다가 타더라도 어제 탄 것처럼 쉽게 탈 수가 있다. 이 모든 것이 가능한 것은 바로 내 몸이 기억하고 있기 때문이다. 이것을 우리는 몸 지식이라고 한다.

스피치 근육 또한 몸 지식에 근거한다. 왜냐하면 스피치 능력은 알고만 있다고 해서 내 능력이 되는 것이 아니라 할 수 있을 때 가능하기 때문이다. 자연스러운 호흡은 내 몸이 기억하고 있을 때에만 가능해진다.

복식 호흡을 어느 정도 연습했다면 이제 '소리내기'를 한번 해보자. 코로 숨을 들이마신 상태에서 입을 아래위로 쫙 열어서 '아' 모양을 만들고 소리를 내본다. 이때 목이나 턱에 힘을 주어서는 안 된다. 목은 최대한 이완시킨 상태에서 배로 힘 조절을 하면서 소리를 낸다. 배로 힘 조절을 하게 되면 배가 앞으로 약간 내밀어지는 느낌이 든다. 손바닥으로 배를 누르면 배가 밀리지 않으려고 맞서는 것과 같은 상태다.

복식 호흡을 하면서 소리내기 연습을 할 때 흔히 나타나는 잘못된 현상이 있다. 첫 번째는 배를 잡아당기거나 힘을 풀어버리고 소리를 낸다. 그렇게 되면 목과 몸에 힘이 들어가서 탁한 소리가 나거나 소리가 밖으로 시원하게 빠져나오지 못하고 입안에서만 머물러 옹알이 소리가 나게 된다. 물론 소리 내는 본인은 더 힘이 든다. 두 번째는 기껏 숨을 들이마셔 놓고서는 소리를 낼 때 다시 호흡을 짧게 하는 경우다. 당연히 흉식 호흡이 되고 호흡량도 부족해서 좋은 소리가 나오기 힘들다. 목소리가 약하거나 말을 할 때 호흡이 달리는 대표적인 경우다.

소리를 내야겠다는 생각이 앞서면 몸이 긴장을 하고 긴장한 만큼 몸 전체에 힘이 들어가 호흡이 불안정하게 된다. "소리는 공기의 파장"이라는 말을 다시 한번 되새겨 호흡에 신경을 쓰고 배의 힘 조절을 통해 자연스럽게 소리가 나오도록 하는 것이 중요하다. 물론 기존에 소리를 내는 습관이 몸에 배어 있어서 생각처럼 잘 안 될 것이다. 조급하게 생각해서는 안 된다. 한번에 성공할 수 없다. 훈련법이 어렵다기보다는 익숙함과 낯설음의 문제다. 이미 익숙하게 하고 있는 우리의 많은 행동들이 태어날 때부터 갖고 나온 것이 아니라 수많은 반복에 의해서 만들어진 것임을 잊지 말자.

특별한 신체장애가 없다면 걷는데 어려움을 느끼지 않는다. 누구나 쉽게 걸을 수 있는 걸음도 처음부터 그렇게 할 수 있었던 건 아니다. 아이를 키워본 경험이 있는 사람이거나 지켜본 사람은 잘 알 것이다. 태어나서 수없이 팔다리를 흔들고 뒤집기를 하고 배밀이를 하고 기어다니다가 겨우 일어설 수 있다. 한 발 두 발 사이에 수없이 많은 넘어짐이 있고 나서야 비로소 걸을 수 있다. 그 기간만 따져 봐도 최소 1~2년은 걸린다. 그 기간이 지난하고 힘겨워서 움직이는 것을 포기했다면 우리는 지금처럼 자유롭게 걸을 수 없을 것이다.

호흡은 내 목소리의 주인이다. 목소리는 그 사람의 이미지를 좌우하고 스피치 능력을 높이는데 큰 영향을 미친다. 지금 이 책을 읽으면서도 호흡을 하고 있을 것이다. 지금 나는 어떤 호흡을 하고 있는지 살펴보는 것이 호흡 훈련의 첫 걸음이다.

울림 있는 편안한 목소리를 위해 ———

,

특별히 귀에 거슬리는 목소리는 아닌데 한참 듣고 있다 보면 왠지 피로감이 느껴지는 목소리가 있다. 말을 할 때도 마찬가지다. 그렇게 오래 말을 하지 않았는데 목이 까끌까끌해지면서 소리가 잘 안 나오거나 잠겨서 계속 말을 이어가기가 어려운 사람들이 있다. 말을 하면 할수록 소리가 안 나오니까 목에 더 힘을 주고 억지로 말을 하다 보면 목에 통증이 느껴지고 온몸에 기운이 쏙 빠진다. 심할 경우에는 병원에 가서 정확한 진단을 받아보는 것이 좋다. 하지만 목에 특별한 이상이 없는데도 목소리를 내기가 힘들다면 다음과 같은 방법으로 훈련을 해보는 것을 권한다.

　목소리는 성대의 진동을 통해 나온다. 성대가 잘 진동되면 편안하면서 자연스러운 소리가 나온다. 하지만 성대가 원활하게 진동을 하지 못하면 억지로 소리를 내기 위해 목에 힘을 주게 되어 성대에 더 큰 무리가 간다. 당연히 소리내기가 힘들고 그만큼 목소리도 매끄럽지 못하다. 목과 성대는 근육으로 되어 있는 조직이다. 근육에 힘을 주면 그만큼 경직이 된다. 경직이 되면 성대의 떨림은 더욱 둔화될 것이고 소리 내기가 힘들어진다. 목이 졸린 상태에서 소리를 내는 것과 비슷한 형국이 된다.

　울림 있는 편안한 소리를 내기 위해서는 어떤 훈련을 하면 좋을까? 좋은 소리를 내기 위해서는 삼박자를 갖추어야 한다. **목을 최대한 이완시키기, 성대의 떨림을 좋게 하기, 복식 호흡을 통해 소리내기**가 그것이다. 이 세 가지를 동시에 훈련하는 간단하면서도 효과가 큰 방법이 있다. 지금까지 필자가 배우고 훈련한 경험과 수업 때 지도하면서 지켜본 바에 의해서 확신하는 방법이다. 지금부터 따라해 보도록 하자.

복식 호흡 훈련을 할 때 자세를 떠올려보자. 허리를 반듯하게 세우고 얼굴은 내 몸과 일직선이 되게 턱을 당겨준다. 이 상태에서 상체에 힘을 뺀다. 그런 다음 윗니 아랫니를 가볍게 열어준다. 틈은 약 0.5센티미터 정도가 적당하다. 벌린 상태에서 입술을 가볍게 닫아준다. 그러면 입안에 공간이 만들어진다.

이제 천천히 복식 호흡을 한다. 충분히 숨을 들이마셨다면 입을 다문 상태를 유지하면서 음~~~ 소리를 낸다. 이때 톤은 소리를 내기에 가장 편안한 톤을 찾아서 낸다. 입술 주위가 간질간질하게 떨릴 것이다. 최대한 많이 떨리게 하는 것이 중요하다. 이 훈련을 하다 보면 의도적으로 입술을 떨게 하기 위해 부르르르~~~ 하면서 오토바이 소리를 내는 분들이 있는데 그렇게 하지 말고 그냥 허밍하듯이 음~~~ 소리를 내기만 하면 입술은 자연적으로 떨리게 되어 있다. 공기가 진동을 하면서 닫힌 입술을 두드리니 당연히 떨리게 되는 거다.

이때 내 목을 관찰해본다. 목의 아치가 확 열리면서 목이 전혀 느껴지지 않을 것이다. 즉 내 머리와 내 몸이 분리가 된 것 같은 느낌이 들면 잘하고 있는 것이다. 목에 힘이 완전히 빠진 상태에서 성대를 최대한 떨어주면서 배에서 소리를 내고 있기 때문이다.

이 훈련을 몇 번만 하더라도 이전과 이후의 소리내기와 소리 자체가 확연히 달라졌음을 알 수 있을 것이다. 신체 운동을 하기 전에 몸풀기 운동을 먼저 해주는 것처럼 목소리를 사용하기 전에 이 훈련법을 통해 목풀기를 해주면 울림 있는 좋은 목소리를 낼 수 있다.

주위에 보면 의외로 자신도 모르게 목에 힘을 주어서 소리를 내는 분들이 많이 있다. 높은 소리, 강한 소리를 낼 때뿐만 아니라 보통의 소리를 낼 때에도 목에 힘이 들어간다. 여러 가지 원인이 있겠지만 환경의 영향이 크다고 한다. 우리가 생활하는 공간은 잘 느끼지는 못하지만 수많은 소음으로 가득하다. 실외에서 근무하는 사람들만 소음에 노출되는 것이 아니라 실내에서 근무할 때도 동일하다. 정도의 차이는 있지만 컴퓨터를 비롯한 각종 기기들의 소리에서부터 작업, 이동 등 작은 움직임에도 소리가 발생한다. 그런 환경에 적응이 되어서 소음을 잘 느끼지 못할 뿐이다. 그러다 보니 서로 소통을 해야 할 상황이 되면 소음에 방해를 받지 않는 소리를 내야만 의사소통이 가능하기 때문에 그 환경에 맞는 톤과 세기가 만들어진다.

오래 노출되면 될수록 본래 가지고 있었던 목소리를 변형하게 된다. 그런 과정에서 나도 모르게 목에 힘이 들어가고 습관이 되어버리는 경향이 크다.

누구에게나 해당될 수 있으므로 이와 같은 훈련법으로 목을 꾸준히 관리해 나가는 것이 중요하다. 오래오래 들어도 계속 듣고 싶은 목소리, 말을 계속해도 힘들지 않고 편안하게 할 수 있는 목소리를 위해서 말이다.

말하는 속도 조절하기 —————————

○
,

　상담 내용 중 '말이 너무 빨라 다른 사람들이 잘 못 알아듣는다'는 분들의 이야기가 많다. 말이 빠르다 보니 본인은 그렇지 않은데 가볍고 경망스러운 이미지가 심어지는 것 같아 본의 아니게 손해를 보거나 인간관계에 있어서 불이익을 당하는 경우가 많다는 것이다.

　말이 너무 느린 경우도 마찬가지다. 답답한 사람으로 인식되거나 낭창한 이미지가 만들어져 좋은 인상을 남기지 못하게 된다. 고치고 싶은데 오랫동안 습관이 되어 잘 고쳐지지 않는다.

스피치 근육
키우기

말하는 속도를 조절하는 방법은 한 가지 밖에 없다. 바로 호흡이다. 말을 할 때 멈출 때는 멈추고 쉴 때는 쉬면서 말을 해야 하는데 그렇게 하지 않고 계속 말을 하면 당연히 말하는 속도가 빨라질 수밖에 없다. 말이 느린 경우도 마찬가지다. 멈출때 너무 멈추고 쉴 때 너무 쉬면서 말을 하다 보니 느려질 수밖에 없다.

결국 말하는 속도를 조절한다는 것은 멈춤과 쉼을 적절하게 조절한다는 의미이고, 훈련을 한다는 것은 멈춤과 쉼의 간격에 대한 감을 익히는 것을 뜻한다.

그렇다면, 어느 정도의 속도로 말하는 것이 가장 적절할까?

일반적으로 1분에 약 250자 내외 정도로 말하는 것이 가장 알맞은 속도라고 한다. 여기에 맞추어서 멈춤과 쉼의 간격을 조절하는 훈련을 하면 된다. 그런데 1분 단위로 훈련을 하면 멈춤과 쉼의 간격에 대한 감을 잡기가 어렵다. 그래서 집중훈련을 할 때는 초단위로 끊어서 훈련하면 효과가 좋다. 필자는 교육생들에게 훈련을 시킬 때 5초 단위로 한다. 글자 수는 약 20자 내외가 된다.

안녕하십니까?// 저의 이름은/ 김대성입니다.// 라는 문장을 말하는데 5초 내외가 걸린다면 적절한 속도로 말을 하는 것이다. 이때 '//'는 쉼의 자리이고 '/'는 멈춤의 자리다. 쉰다는 것은 숨을 내쉬고 다시 들이마시는 것이고 멈춤은 호흡을 일시 멈추었다가 말을 계속 하는 것이다.

집에서 훈련을 할 때는 초시계를 준비한 상태에서 평소 말하는 속도로 하면서 시간을 체크해보라. 경험에 의하면 평균 3.5초 내외로 말하는 사람들이 많았다. 그러면 평소의 말하기 속도가 적절한 속도인 5초보다 약 1.5초 빠르게 말하고 있었음을 알게 된다. 이번에는 평소보다 말을 할 때 조금 더 쉬고 멈춤이 있게 말을 하면서 시간을 재본다. 그러면서 차츰 5초에 가까워질 수 있도록 쉼의 간격과 멈춤의 간격을 조절하는 것이다. 여러 번 반복해서 하면 감을 익힐 수 있게 된다. 그런 다음 10초 훈련을 해보는 것이다. 조금 전에 익힌 감을 반복해서 적용하는 훈련을 하는 것이다. 글자 수는 5초마다 20자 내외 정도를 더 늘리면 되고 위에서처럼 쉼 자리와 멈춤 자리를 표시를 하고 반복해서 하는 것이다. 15초, 20초… 이런 식으로 늘리면서 하면 된다.

속도 조절 훈련을 시키다 보면 꼭 이런 질문을 하는 사람들이 있다.

"그럼, 말을 할 때 항상 이와 같은 속도로 말을 해야만 하나요?"

그렇지 않다. 처음부터 끝까지 똑같은 속도로 말을 한다면 얼마나 지루할 것인가. 말하는 속도에 대한 평균점을 잡고 있는 사람은 빠르게 말하고 싶을 때나 천천히 말하고 싶을 때 자유자재로 조절할 수가 있다. 하지만 그렇지 않은 사람은 마음대로 안 된다.

일반적으로 어떤 말을 할 때 짧은 내용이나 긴 내용이나 대부분의 구성을 보면 누구나 알고 있는 쉬운 내용과 어렵거나 중요한 내용, 보편적인 내용을 포함하고 있다.

누구나 알고 있는 쉬운 내용을 말할 때는 평균속도보다 조금 빠르게 말을 해야만 듣는 사람이 집중력을 잃지 않고 들을 수 있다. 어려운 내용이거나 중요한 내용을 말할 때는 평균속도보다 천천히 말을 해야만 이해시키기가 쉽고 핵심주제를 각인시킬 수가 있다. 보편적인 내용은 평균속도에 맞추어서 하면 된다. 이렇게 빠르기를 내용에 따라 조절하면서 말을 하면 리듬

감도 살아나고 지루함 없이 말을 하여 듣는 사람들의 호응을 이끌어내게 된다.

걸음을 걸을 때 쉬거나 멈추지 않고 계속 걷는다면 걸음이 빨라질 수밖에 없다. 대신 세 걸음 걷고 한 번 멈추고 다섯 걸음 걷고 한 번 쉬면서 걷는다면 제아무리 빨리 걷고 싶어도 걸을 수 없다. 이와 마찬가지로 말을 할 때도 쉼과 멈춤을 잘 조절하면 적절한 속도로 전달력 높은 말하기를 할 수 있게 된다. 말이 빠르거나 느려서 고민이 된다면 지금부터 자세를 바르게 해서 위의 훈련을 꾸준하게 하여 멈춤과 쉼의 간격에 대한 감을 익히면 해결이 된다.

누구에게나 발성 훈련은 필요하다 ─────

,

성악가, 가수, 성우, 배우들은 목소리가 생명이다. 노래 훈련
이나 연기 훈련도 중요하지만 그에 앞서 발성 훈련을 가장 기
본적으로 한다. 득음을 하기 위해 필사적으로 노력한다. 발성
훈련이 이런 예술가들에게만 필요한 것은 아니다. 음성을 통해
서 의사를 전달하고 소통해야 하는 모든 사람들에게 필요하다.

스피치 수업을 할 때 발성 훈련을 하면 웅변을 배우러 온 게
아니라 스피치를 배우러 왔는데 왜 이렇게 옛날 웅변학원처럼
어색하게 발성 훈련을 시키느냐고 이의를 제기하는 분들이 많

다. 필자 또한 처음 스피치에 입문할 때 비슷한 생각을 했다. 배우고 싶은 스킬은 안 가르쳐주고 왜 계속 입 벌리고 아무런 의미도 없는 소리를 지르라고 하는 걸까 라면서 말이다

성악가나 가수들은 '노래를 한다' 라는 말보다 '곡을 표현한다' 라고 한다. 성우나 배우들도 마찬가지다, '연기를 한다' 보다는 '작품과 작품 속 인물을 표현한다' 라고 한다. 그리고 어떻게 하면 그 곡에 맞게, 그 작품과 작품 속 인물에 맞게 잘 표현할 것인가를 고민하고 상상하면서 준비하고 연습한다. 노래 가사나 대본의 내용도 충실히 전달해야 하지만 어떤 목소리로 어떤 몸짓으로 곡과 인물을 표현할 것인가에 더 집중을 한다. 우리가 노래를 들으며 깊은 감상에 빠지고 영화를 보다가 깊이 몰입되어 눈물을 흘리는 것이 가사나 대사 때문인가, 아니면 표현하는 모습과 음성 때문인가?

말을 할 때도 똑같다. '말을 한다' 보다는 '내 생각이나 느낌을 표현한다'고 하는 것이 더 적절하다. 똑같은 말이라도 어떤 목소리로 전달하느냐에 따라 영향력에 큰 차이가 난다. 가수나 배우만이 아니라 우리 일반인도 모두 표현한다 라는 점에서는

공통점이 있고 다양한 감정과 느낌, 생각들을 표현할 때 사용하는 방법도 별반 다르지 않다.

우리가 표현하고자 하는 생각이나 느낌, 감정들은 단순하게 구분하면 희노애락이다. 이것을 목소리로 표현하는 방법은 여덟 가지가 있다. 장, 단, 고, 저, 강, 약, 쉼, 멈춤이다. 상황에 맞게 여덟 가지를 얼마만큼 적절하게 구사하느냐에 따라 전달력이 달라지고 결과도 달라진다. 평소에는 잘하는데 자리 깔아주면 못한다는 말이 있듯이 사적인 자리에서 대화할 때는 잘되는데 앞에 나서서 말을 해야 할 때는 이상하리만큼 잘 되지 않는다. 그래서 훈련과 연습이 필요한 것이다.

발성 훈련은 목소리에 길을 내는 것 ——

○

,

   길을 가려면 길을 만들어야 한다. 목소리도 마찬가지다. 내 목소리에 길을 만드는 발성 연습을 몸에 익히는 것이 무엇보다 중요하다.

   호흡 훈련에서 알아보았듯이 좋은 발성을 하기 위해서는 호흡하는 방법과 호흡을 조절하는 능력이 첫 번째다. 성대의 떨림을 좋게 하기 위해 목의 근육을 최대한 이완시키는 것이 둘째다. 소리가 나오는 출구인 입 모양이 얼마나 내가 내고자 하는 소리값에 맞게끔 정확한가가 세 번째다. 복식 호흡을 담당하는 아랫배 부분을 발동부라 하고, 성대를 떨어주며 소리를 내는 목 부분을 발성부, 말소리로 전환되는 입 부분을 발음부라고 한다. 발동부, 발성부, 발음부 이렇게 3부를 조화롭게 사용하여 내가 원하는 목소리를 낼 수 있는 능력을 갖추는 훈련이 발성 훈련이다. 즉 내 목소리에 길을 만드는 훈련이라고 할 수 있다.

지금부터 발성 훈련을 하는 자세한 방법을 알아보도록 하자.

처음에 발성 훈련을 할 때에는 발음부는 '아' 소리에 고정시켜 놓고 발동부와 발성부를 집중적으로 훈련하는 것이 좋다. 발성이 익숙하지 않은 시작단계부터 3부를 모두 사용하기 보다는 목에 힘을 뺀 상태에서 배에서 소리를 내는 방법을 먼저 터득하는 것이 중요하기 때문이다.

발성단계는 3단계 높이로 정하고 발성할 때 소리의 길이는 5초 이상 길게 내도록 한다. 바른 자세로 앉아서 해도 되고 아랫배에 힘이 잘 모아지지 않는 경우에는 일어서서 하면 된다. 일어서서 할 경우에는 발은 어깨 넓이만큼 벌리고 두 팔은 자연스럽게 내린다. '쉬어 자세'라고 생각하면 쉬울 것이다.

이 훈련을 할 때 유의해야 할 점은 두 가지다.

첫 번째는 각 단계별 소리를 낼 때 5초 이상 일정하게 내다가 끝소리는 호흡을 딱 멈추면서 소리를 모아주는 것이다. 여기에서 일정하게 낸다는 의미는 같은 세기, 같은 높이를 뜻한다. 소리가 파도치듯이 일렁거리고 세졌다가 약해졌다가 하지 않게 주의하라는 것이다.

일정한 소리를 낼 수 있으려면 배에서 힘 조절을 통해 호흡의 양을 일정하게 해야 한다. 힘 조절과 호흡량 조절이 미숙하면 음정이 불안정해지고 소리 자체가 힘이 약해진다. 처음 훈련하는 사람들을 보면 발성을 해야 한다는 강박과 배에서 힘 조절하면서 소리를 내야 한다는 긴장감 때문에 온몸에 힘을 주는 사람들이 많다. 그러다 보면 목소리를 좋게 만드는 발성 훈련이 아니라 오히려 목을 상하게 하는 독이 되는 경우가 많다.

차를 움직이려면 시동을 걸어야 하는 것과 마찬가지로 소리를 내기 위해서는 배에서 발동이 잘 걸려야만 된다. 잘 안 되는 사람들은 복식 호흡 훈련을 더 많이 해야 한다. 어떤 분들은 첫 소리가 물풍선이 픽 하고 터지듯이 훅 내뱉듯이 소리를 내는 경우도 많다. 또는 처음에는 일정하게 잘 내다가 끝으로 갈

수록 약해지는 사람들도 있다. 이 모두 호흡 조절이 잘 안 되기 때문에 나타나는 모습이다. 특히 호흡을 한 상태에서 소리를 내기 직전에 다시 호흡을 하면서 발성을 하는 분들이 있는데 이 부분도 잘 살펴보면서 훈련을 하는 것이 중요하다.

그럼에도 불구하고 힘 조절이 잘 안 되는 사람들을 위해 훈련 팁 하나를 알려주겠다.

집에서 칼국수를 만들어 먹으려고 한다. 그러면 밀가루 반죽을 해서 홍두깨로 얇게 펴야 한다. 반죽의 두께를 고르게 하는 것이 관건이다. 홍두깨로 밀 때 처음부터 끝까지 같은 힘을 주면서 밀면 된다. 이와 마찬가지로 발성을 하기 위해 호흡 조절을 할 때 홍두깨로 밀가루 반죽을 고르게 펴기 위해 끝까지 같은 힘을 주어서 민다는 느낌을 그대로 살려서 적용하는 것이다. 그러면 흐트러지지 않고 끝까지 힘 조절을 할 수 있다.

'끝소리는 호흡을 딱 멈추면서 모아주어야 한다'라고 한 것은 끝소리가 호흡이 흩어지면서 흐려지면 소리가 명료하지 않고 늘어지게 된다. 이런 발성으로 말을 하게 되면 어떻게 될까? 주위에 이런 사람들이 있다.

"안녕하십니까아~ 저느은~ 김대성입니다아~~ 여러부운으을 만나서어 반갑습니다아~~."

말끝이 늘어지는 말투를 갖고 있는 사람들이 의외로 많다. 한두 마디면 그나마 들어줄 만한데 이런 식으로 몇 분 또는 그 이상을 계속 이야기한다면 집중해서 계속 듣기가 힘들 것이다.

또는 이런 사람들도 있다.

"안녕하십니… 저는 김대성입니… 여러분을 만나서 반갑습니…."

아예 마지막 말이 입안에서 사라져버려 들리지 않는다. 입안에서만 맴도는 말투를 가진 사람의 말도 듣기가 여간 힘든 게 아니다. 일부러 그런 말투로 하진 않을 것이다. 본인도 모르게 만들어진 어눌한 발성이 그런 말투로 나타나는 것이다. 작은 차이가 실제 말하는 모습에는 엄청난 차이를 만들어낸다.

두 번째는 3단계로 발성을 할 때 각 단계별 높이 차이가 나게 하는 것이다. 1단계보다 2단계가 높아야 하고 2단계보다 3단계가 높아야 한다. 너무 당연한 이야기 같겠지만 이것이 잘 안 되어서 말이 높낮이 없이 밋밋하게 말하거나 어색한 억양이 만들어지는 것이다. 우리말의 기본 문장 구성은 주어, 목적어, 술어로 되어 있다. 이 중에서 제일 중요한 말은 목적어다. 목적어에 액센트가 들어가야 말하는 맛도 살아나고 전달력도 높아진다. 그래서 우리나라의 기본 억양은 목적어 부분이 높아지는 능선구조를 가지고 있다. 이렇게 하나의 문장을 말할 때에도 높낮이가 존재하며, 말하고자 하는 내용 전체에 작용을 한다. 평소 단계별 높이 조절을 하며 소리를 낼 수 있는 훈련이 되어 있어야만 자연스럽게 적용을 할 수 있다.

노래에 음정이 없다면 어떻게 되겠는가? 음치의 기본은 음정 박자를 잘 맞추지 못하는 것이다. 말치의 기본도 이와 다르지 않다.

발성 훈련은 내 목소리에 길을 만드는 것이라고 했다. 발성 훈련을 할 때 무작정 소리를 내는 것이 아니라 내 소리를 찾아가야 한다. 소리를 찾아간다는 것은 소리와 소리를 내는 내 몸의 상태를 관찰하는 것이다. 소리의 질이 어떤지, 높이가 어떤지, 얼마만큼 일정하게 나오고 있는지, 그로 인해 안정감과 힘이 느껴지는지, 탁한 소리는 아닌지, 높이는 충분히 차이가 나는지, 발성을 할 때 내 몸의 힘이 어디에서 느껴지는지, 목의 상태는 어떤지 등을 살펴보면서 발성을 하는 도중에 계속 수정을 하면서 연습하는 것이다. 이때 동영상을 찍어 피드백 하면서 훈련한다면 효과가 클 것이다.

어느 정도 소리가 만들어졌다면 발음부까지 훈련을 해본다. 좋아하는 짧은 문장을 가지고 훈련을 하는 것이다. 이때 앞서 발성을 할 때 유의했던 두 가지를 그대로 유지하면서 훈련을 해야 한다. 발성 훈련을 하는 이유는 발성 훈련을 하기 위해서가 아니라 내가 원하는 목소리를 낼 수 있는 능력을 말하기에 적용하기 위해서이다. 발성 따로, 말하기 따로가 된다면 훈련은 무용지물이 될 것이다.

얼굴 표정 그 자체가 대화다 ─────

○
,

    갓난아기와 대화하는 방법을 알고 있는가? 아기는 말을 하지도 또 알아듣지도 못한다. 단지 느낄 뿐이다. 교감할 수 있는 방법은 눈빛과 표정 그리고 스킨십이다. 부모들은 세상에서 가장 사랑스러운 눈빛으로 눈맞춤을 하고 가장 부드러운 표정으로 이야기를 한다. 그러면 아기도 배시시 웃으며 금방이라도 검은 눈동자가 쏟아져나올 듯 맑은 눈으로 대답을 한다.

    어느 날 이웃집 아저씨가 놀러왔다고 해보자. 얼굴은 시커멓고 표정도 무뚝뚝하다. 눈빛도 엄마 아빠에게서 보고 느꼈던

포근함이 없다. 아기가 귀여워 한번 안아보려는데 엄마에게 딱 달라붙어 떨어지지 않는다. 노려보는 듯한 눈빛과 얼굴표정이 무섭게 느껴진다. 순간 으앙~~ 울음보가 터진다. 아저씨는 단지 엄마와는 다른 눈빛과 표정으로 아기를 안아보려 했을 뿐인데 말이다. 아기에게만 있는 특별한 능력일까?

주위에 항상 짜증스런 표정이나 화난 듯 잔뜩 굳은 표정을 짓고 있는 친구가 있다면 한번 떠올려보라. 마음이 어떻게 변했는가. 그리고 표정은 또 어떠한가. 반면 늘 환한 표정을 짓고 웃으며 먼저 다가오는 사람을 떠올려보라. 지금은 마음이 어떻고 표정은 어떻게 변했는가. 아기와 같이 우리도 별반 다르지 않다. 그럼, 나는 다른 사람들에게 전자일까 아니면 후자일까?

얼굴 그 자체가 대화다. 얼굴은 우리 내면의 상태를 가장 잘 표현해주는 스피치의 달인이다. 갖가지 표정과 눈빛으로 고스란히 속내를 드러낸다. 첫인상은 3초 안에 결정되고 그 첫인상에 가장 크게 영향을 주는 것이 얼굴 표정이다. 친근감을 주는 밝은 표정을 갖기 위해서는 마음가짐이 중요하다. 마음가짐은 세상을 대하는 태도에 따라 달라진다. 이 책에서 삶의 태도와 마음가짐에 대해서 이야기하기는 어렵다. 내용이 방대할 뿐더러 자칫 지금 나누고자 하는 주제의 핵심을 흐트릴 수 있기 때문이다. 다음에 따로 주제를 정해서 집중적으로 이야기할 기회를 만들어보겠다. 단 지금은 간단하지만 유용한 방법 한 가지만 소개하겠다.

평소 시간 날 때마다 입꼬리를 살짝 올려보라. 입꼬리를 올리자마자 표정이 펴지면서 마음까지 환하게 열리는 느낌이 들 것이다. 수시로 연습하다 보면 습관이 되고 시간이 지나면 지날수록 표정에도 많은 변화가 있을 것이다. 특히 중요한 발표나 면접을 보기 직전, 극도로 긴장감이 느껴질 때 하면 긴장을 해소하는데 많은 도움이 될 것이다.

말하기의 시작은 대면하는 그 순간부터이다. 내가 갖고 있는 매력을, 능력을 말로써 설명하기 전에 얼굴 표정으로 먼저 전달하게 된다. 밝은 얼굴 표정은 본인의 행복뿐 아니라 주위의 분위기까지 환하게 밝혀주는 행복 바이러스다. 거울 속에 비친 밝은 표정의 나! 사회를 비추는 환한 거울이다.

눈으로 말해요 ————————

○
,

"주목하세요."

어디서 많이 들어본 말이지 않은가. 아마 제일 많이 들어본 때는 학창시절일 것이다. 선생님께서 어수선한 분위기를 정돈하기 위해서, 또 중요한 말을 시작하기에 앞서 '주목'이라는 말을 사용한다. 학급 실장이 공지사항을 전달할 때도 이 말을 하고 시작한다. 사회생활에서도 다를 바가 없다. 누군가가 여러 사람을 대상으로 이야기를 시작할 때 "잠시 주목해주세요"라고 말을 한다. 왜 그럴까?

스피치 근육
키우기

첫 번째, 시선이 가는 곳에 집중하기 때문이다. 한 가지 예를 들어보겠다. 여러 사람 앞에서 이야기를 하다가 갑자기 손가락으로 어느 한 곳을 가리키며 "바로 저쪽입니다"라고 말을 한다. 이때 청중들의 반응은 어떨까? 말하는 이에게서 가리키는 손가락으로, 또 손가락이 가리키는 곳으로 시선이 이동하게 된다. 이런 일이 일어나는 것은 바로 시선이 가는 곳에 집중하기 때문이다. 상대방의 말을 잘 듣기를 바란다면 말하는 사람과 눈맞춤을 해야 한다. 내 말을 상대방이 잘 듣기를 바란다면 상대방과 눈맞춤하면서 말해야 한다.

두 번째는 서로 교감하기 위해서다. 사랑하는 사람들은 눈으로 말한다. 눈빛만 보아도 그 사람이 무엇을 말하려 하는지, 무엇을 원하는지를 알 수 있다. 스킨십은 서로 간의 관계를 빠른 속도로 가깝게 만든다. 친밀도를 높이는데 이보다 좋은 방법은 없다. 그렇기 때문에 인사를 나눌 때 악수를 한다든지, 가벼운 포옹을 한다든지, 등을 한두 번 가볍게 두드린다. 강사들이 첫 강의 시간에 처음 만나는 수강생들끼리 친밀한 분위기를 유도하기 위해 스킨십 인사를 많이 유도하는 이유도 여기에 있다.

스킨십은 육체적 스킨십만 있는 것이 아니다. 마음 스킨십도 있다. 효과는 똑같이 뛰어나다. 마음 스킨십은 바로 눈맞춤으로 하는 것이다. 상대방에 대한 호의를 눈빛에 담아 상대방과 눈맞춤을 통해 전달하는 것이다. 상대방 또한 눈으로 말하는 것을 느끼게 되고 똑같은 응답을 하게 된다. 바로 교감의 문이 열리는 순간이다.

대화할 때, 아니면 다수의 청중 앞에서 강연이나 연설을 할 때, 대상을 똑바로 바라보지 못하는 사람에게 우리는 어떤 느낌을 받는가? 자신감이 없어 보이고 뭔가 숨기는 게 있는 것 같고, 거짓말일 것 같은 생각이 들고, 내가 싫은가 라는 느낌도 받는다. 다시 말해 진실되어 보이지 않고, 친화력도 없어 보이며, 용기도 없는 사람처럼 보인다. 눈맞춤 하나로 이렇게 많은 이야기를 하게 된다.

하지만 실상은 어떤가? 상대방의 눈을 보며 대화를 시도하지만 눈이 마주치는 순간 어색해지면서 몸이 오그라든다. 쑥스럽고 민망해 고개를 숙이거나 다른 곳으로 시선을 황급히 돌려버린다. 눈을 마주치고 있는 그 순간을 견디지 못하는 것이다. 왜 그럴까? 견디지 못한다는 것은 그만큼 경험이 없다는 것이고 익숙하지 않다는 것이다. 환경의 요인이 크지 않을까 싶다. 어릴 적부터 부모 또는 가까운 사람들이 훈계를 하거나 지시할 때만이 아니라 평소에도 항상 내 눈을 바라보면서 이야기를 했다면 어떠했을까? 눈맞춤이 자연스럽게 몸에 배지 않았을까?

그럼 어찌해야 하는가? 요술같은 비책은 없다. 낯섦을 익숙함으로 바꾸는 방법은 이미 우리 모두 잘 알고 있다. 단지 하지 않을 뿐이다. 눈맞춤을 내 목표를 달성하기 위한 술수로서 사용하려고 해서는 안 된다. 눈은 거짓말을 못한다. 단번에 상대방이 알아차리게 되고 숨은 저의가 들통나서 역효과가 난다. 괜히 눈을 마음의 창이라고 하겠는가. 진실한 마음으로 진정으로 상대방과 나누고 싶은 마음을 가지면 나의 눈은 자연스럽게 상대방과 눈을 맞출 것이다. 그럼에도 불구하고 처음에는 견디는 것이 쉽지 않겠지만 거듭되는 만큼 눈맞춤을 해야 한다는 강박에서 마음 스킨십을 나누는 쪽으로 이동하게 될 것이다.

당신의 눈빛은 지금 어디를 향하고 있는가?

4장

건강한
소통의 기술

"안녕하세요? 저녁 식사는 하셨어요?"
"때 됐으니 먹었겠지요."

"여보, 이제 애들도 다 컸고 나도 사회활동 좀 하고 싶은데, 당신 생각
은 어때?"
"사회활동 하는 게 뭐 쉬운 일인 줄 알아? 그냥 편히 쉬어."

남자와 여자

◯

,

"나 오늘 회사에서 빡쳐서 죽는 줄 알았어. 바쁜 와중에 나도 한다고 최선을 다했는데 어떻게 수고했다는 말 한마디 없이 일을 이렇게밖에 못하느냐고 질책을 하는 거지? 정말 스트레스 받아서 그만두고 싶어."

"왜, 무슨 일이 있었길래?"

"무슨 일은 무슨 일. 바쁘면 지들도 알아서 움직여야지 지들은 탱자탱자 이리 미루고 저리 미루고 쉽고 편한 일만 하면서 연차 낮은 우리들만 닦달하고 난리잖아."

"그건 좀 아닌 것 같은데."

"아직 경험도 부족하고 실무를 제대로 익히지 못해서 서툴고 느린 게 당연한데, 제대로 가르쳐주지도 않았으면서 당장에 빠릿빠릿하게 못한다고 질책만 하는 게 무슨 선배야. 이러니 회사가 제대로 돌아가느냐고. 윗선도 바보지. 이런 상황을 뻔히 알면서도 똑같이 우리만 탓해. 정말 미치겠어."

"그랬구나. 짜증났겠네. 그래도 상황이 그러하다면 어쩌겠어. 맞춰야지. 변하지 않는 남 탓 하면서 스트레스 받는 것 보다는 너의 실력을 어떻게 해서든 키우는 것이 낫지 않을까?"

"자기야, 뭔 소리야? 지금 그런 얘기가 아니잖아. 더 짜증나려고 하네. 어떻게 하라고 하기보다 지금 내 마음을 위로하고 격려해주는 게 중요한거 아냐? 자기는 도대체 누구 편이야? 다 똑같아. 말 안 해. 나 갈 거야. 우린 끝이야. 다신 연락하지 마."

참 안타깝고 답답한 상황이다. 또 흔한 상황이다. 이런 일이 왜 일어날까? 전혀 악의도 없고 힐책할 마음이 없을 뿐더러 오히려 위로하고 도와주려는 진정한 마음이 오가는 상황임에도 공감대는 고사하고 극한 상황으로까지 가게 된다.

누구의 잘못도 아닌 남자와 여자의 근본적인 차이 때문이다. 여기에서 위로와 공감이라는 관점에서 해석해보자. 여자가 중요하게 생각하는 것은 불합리한 상황보다는 지금 내가 느끼고 있는 감정의 상태를 누군가가 알아주기를 바라는 마음이다. 상황에 대한 잘잘못을 판결하는 것에는 전혀 관심이 없다. 단지 내 편이 필요하다. 하지만 남자의 입장에서는 해결책 없는 공감은 싸구려 동정일 뿐 아무런 도움이 되지 않는다고 생각한다. 진정한 위로와 공감은 이러한 문제를 일으킨 원인을 정확히 찾아내어 해결책을 제시해주는 것이 가장 실용적이고 상대를 도와주는 길이라 생각한다.

마음은 똑같은데 관점이 다르니 결과는 어처구니없는 방향으로 흐른다. 감정선과 이성선의 차이를 서로가 이해하지 못하고 같은 선이라 생각하면 불행의 씨앗일 수밖에 없다. 사랑의 마음이 크면 클수록 차이의 괴리는 정비례한다. 비극도 이만한 비극이 없다.

"미안해" 라는 말은

,

초등학교 때 수업 중 '실과'라는 과목이 있었다. 6학년 때 실과시간에 당근을 재배하는 방법을 배웠는데 직접 키워보고 싶어졌다. 친구와 함께 장날에 당근씨앗을 사서 집 옆에 있는 밭에 심기로 했다. 다행히 밭은 텅 비어 있었다. 이왕 심는 것 밭 한가운데 심기로 하고 조그만 이랑을 만들고 거름도 넣었다. 비장(?)한 마음으로 씨앗을 넣고 못자리용 대나무살을 뼈대 삼아 비닐을 덮었다. 제법 그럴싸하게 보였다.

매일 싹이 올라오는지 관찰하는 재미도 쏠쏠했다. 얼마의 시간이 지나자 땅위로 연한 연둣빛 잎이 올라오더니 조금씩 자라

나기 시작했다. 그 모습이 얼마나 신기하던지 어린 마음에 무언가를 창조해냈다는 기쁨에 폴짝폴짝 뛰었다.

어느 날 아버지께서 나에게 조심스럽게 말씀하셨다. 밭에 콩을 심어야 하는데 밭 한가운데 떡하니 자리잡고 있는 나의 농작물을 어떻게 했으면 좋겠냐는 것이다. 어린 아들이 생전 처음으로 농사 지은 작물을 다 자라기도 전에 뽑아내야 하는 상황 때문에 마음이 쓰였던 것이다. 아쉬운 마음이 컸지만 어쩔 수 없는 일이었기에 "괜찮아요"라고 대답했다. 그때 아버지께서 "미안하다" 하시는 거다. 순간 '미안하다' 라는 말속에 담겨져 전해오는 아버지의 애틋한 마음이 느껴졌다. 많은 세월이 지난 지금에 와서도 그때를 생각하면 내 마음을 헤아려주신 아버지께 감사한 마음이 든다.

우리는 미안하다는 말을 무언가 잘못했을 때 흔히 사용한다. 하지만 꼭 잘못했을 때만 쓰는 것은 아닌 것 같다. 아버지의 경우처럼 잘못한 일은 없지만 상대방을 생각할 때 편한 마음이 들지 않을 경우에도 미안함을 느낀다. 존중의 마음이 없다면 상대방의 입장을 고려하기 보다는 나의 정당한 입장만 생각하여 말하고 행동하지 결코 미안한 마음이 들지 않을 것이다. 상대방 또한 미안해하는 모습을 통해 존중받고 있다는 만족감에 고마움을 느끼게 될 것이다. 내가 아버지로부터 감사한 마음을 가지게 된 것처럼 말이다.

이와 같이 "미안해" 라는 말은 상대방을 존중하는 마음의 또 다른 표현이라고 생각한다. 직장에서 업무상 출장을 가게 되었을 때 '그동안 내 업무를 동료가 맡아서 하는 것이 당연하지' 라고 생각하기 보다 없는 동안 고생할 동료의 입장을 생각하며 "미안해" 라는 말을 먼저 건넸을 때, 미안해 라는 말은 고마운 마음을 싹 틔우게 하고 따뜻한 인간적인 관계가 만들어지지 않을까? 이런 마음의 관계가 가정과 직장을 넘어 사회로 퍼져 나간다면 우리가 살아가는 세상은 좀 더 인간적인 정이 흐르게 될 것이라 생각한다. "미안해" 라는 말은 "나는 당신을 존중합니다" 라는 말이다. 세상을 따뜻하게 만드는 한 축이라 여겨진다.

마음의 돌부리

○

,

　길을 가다 미처 돌부리를 보지 못해 걸려 넘어진 게 여러 번
이다. 무릎이 깨져 아프기도 하고 창피함에 얼른 자리를 피하
기도 한다. 두 번 다시 걸려 넘어지고 싶지 않지만 마음대로 잘
되지 않는다.

　돌부리는 길 위에만 있는 것이 아니다. 우리 마음에도 돌부
리가 있어 자주 걸려 넘어진다. 유독 과민하게 반응하게 되는
특정 상황이나 말, 사람이 있다. 이성적으로 대처하지 못하고
쉽게 상처를 받는가 하면 기분이 상해 감정을 다스리지 못하고
억한 말을 하며 화를 분출하게 된다. 이런 일이 거듭 반복하면

감정의 골이 깊어져 관계가 악화되고 돌이킬 수 없는 상황으로 전개되기도 한다. 가끔씩 만나는 상황이나 사람이라면 피해갈 수도 있겠지만 늘 보는 사람, 부딪치게 되는 상황이라면 문제는 심각하다. 어찌해야 할까?

내가 자주 걸려 넘어지는 내 마음의 돌부리는 어떤 것이 있을까를 먼저 살펴봐야 한다. 어떤 상대가 어떤 상황에서 어떻게 했을 때 거슬리고 마음이 상하여 감정적으로 대처하게 되는가가 내 마음의 돌부리가 있는 자리다. 그리고 내가 자주 걸려 넘어지는 마음의 돌부리는 가만히 살펴보면 유사한 패턴이 있음을 발견하게 된다. 가족 사이에서든 직장 동료 사이에서든 유독 민감하게 반응하는 모습을 살펴보면 같은 상황이 반복되고 있음을 알 수 있게 된다.

마음의 돌부리가 무엇인지를 분명하게 파악하게 되면 미리 예측을 할 수 있다. 예측이 가능해지면 사전에 준비할 수 있고 이후 같은 상황에서 대처하는 모습이 달라져서 문제를 심각하게 만들지 않을 수 있다.

예측해서 준비하는 것이 매우 중요하다. 감정이 상하면 이성적으로 사고하기 힘들어진다. 화가 나면 말이 잘 안 나오는 경험을 해봤을 것이다. 얼굴이 굳어지고 격앙된 상태에서 소리만 지를 뿐이다. 화난 감정의 표출은 불길과 같아서 곧바로 상대의 몸에도 옮겨 붙어 모든 것을 태워 없애버린다. 돌이킬 수 없는 상황이 된다. 하지만 예측을 하고 그 상황에서 대처할 수 있는 말과 행동을 미리 준비하고 연습을 해놓는다면 이성적으로 대응할 수 있다. 평상심을 유지한 상태에서 상대방을 자극하지 않고 말함으로써 문제를 악화시키지 않게 된다.

잘 받아야 잘 줄 수 있다. 잘 받기 위해서는 자주 걸려 넘어지는 마음의 돌부리가 무엇인지 살펴보고 평소에 그 상황을 펼쳐 놓고 어떻게 말하고 행동하면 자연스럽게 받아넘길 수 있는지를 준비하고 연습하는 것이 중요하다. 마음의 돌부리는 관계를 재로 만들어버리는 화마가 되기도 하지만 관계를 살아나게 하는 디딤돌이 되기도 한다.

받아주기 ───────────────

○
，

유독 말이 통하지 않는 사람, 말을 하기 싫은 사람이 있다. 무엇 때문일까? 내 말이 받아들여지지 않기 때문이 아닐까?

"엄마, 밥이 너무 많아요."
"많긴 뭐가 많다고 그러니? 다 먹어."
"…."

"여보, 이제 애들도 다 컸고 시간적 여유도 있는데 자꾸만 무료하게 시간을 보내는 것 같아서 허무해. 나도 사회활동 좀 하고 싶은데 당신 생각은 어때?"

"허무하긴 뭐가 허무해. 사회활동 하는 게 뭐 쉬운 일인 줄 알아? 그냥 편히 지내."

"…."

이 대화를 보면 내 말이 받아들여지지 않고 있다. '내가 밥이 많다는데 엄마는 왜 안 많다고 하는 거지?' '내가 무료하다는데 자기가 왜 괜찮다고 하는 거지?'

그런데 엄마와 남편은 왜 그렇게 반응했을까? 아이가 미워서? 부인이 싫어서 골탕 먹이려고? 아니면 생각해서 좋은 마음에서 그랬을까? 분명 후자일 것이다. 참 오묘한 일이다. 상대를 아끼고 위하는 마음이 오히려 상대에게 상처를 주고 마음의 문을 닫게 만든다. 곰곰이 생각해보면 **상대방을 위한다** 라기 보다는 **상대방을 위한다고 생각하는 내 마음을 위하는 것이다.**

받아준다는 것은 상대방의 생각을 있는 그대로 인정해주고 나누는 것이지, 이렇게 하는 것이 더 좋다고 내 생각을 상대방에게 가르쳐주는 것은 아닐 것이다. 문제를 잘 해결하기 위해서는 해답을 단번에 제시하는 것보다 문제 자체를 이해하려고 하는 것이 우선되어야 한다. 어쩌면 당사자는 문제를 해결하려고 하기 보다는 누군가가 함께 문제를 생각하고 이해해주기를 더 바라고 있을지 모른다.

이러한 부분은 상대와의 관계 뿐만 아니라 나와 내 안에 있는 또 다른 나와 관계를 맺고 소통하는데 있어서도 중요하다. 난 두렵고 무서운데 그래서 울고 싶은데 그러면 안 될 것 같아서 꾹 참고 아닌 척하며 생활한다면 어떻게 될까? 내 몸은 끊임없이 너무 무리한다고 조금씩 쉬어주는 것이 필요하다고 계속 말을 하고 있는데 '아니야, 괜찮아' 라고 받아주지 않는다면 어떤 일이 일어날까?

받아주지 못해서 상대와 나 자신을 힘들게 한 일이 얼마나 많았는지 돌아보는 시간이 필요하다. 좋은 마음이 잘못 표현되어 오히려 소외되는 삶, 힘들고 외로운 삶이 되지 않기 위해서 말이다. 소통은 공감으로 완성되고 공감은 상대의 생각과 마음을 있는 그대로 받아주는 것에서부터 시작된다.

창문을 열어라

,

　어릴 적 시골집에서 살 때, 창문이 있는 내 방을 간절히 갖고 싶었다. 내가 살았던 집에는 방문만 있고 창문은 없었다. 텔레비전 속에서 보여주는 방, 새로 지은 집의 친구 방을 보면서 얼마나 부러워했는지 모른다. 그러다 고등학생이 되었을 때 기회가 왔다. 부모님께서 관리 차원에서 내 방을 만들어주실 계획을 하신 거다. 차단될 자유는 망각한 채 흔쾌히 그 제안을 받아들였다. 내 방을 만들 때 주문한 건 한 가지 뿐이었다.

　"창문을 크게 만들어주세요."

왜였을까? 그때 당시에는 몰랐지만 지금 돌이켜 생각해보니 방안에서 바깥이 보이기 때문이었다. 방안과 바깥을 연결해주는 통로가 창임을 그때의 나는 무의식적으로 알고 있었던 거다. 창이 없는 방에 방문을 닫고 들어가게 되면 바깥세상은 보이지 않고 방안만 보인다. 아늑함도 있지만 세상과의 단절, 고립을 느꼈고 연결되고 싶은 마음이 앞서지 않았나 생각한다.

　사람은 누구나 혼자가 아니라 세상과 연결되어 있다는 것을 느끼고 싶고, 그 속에서 안전함과 안정감을 갖게 됨을 그 당시에도 은연중에 알고 있었던 것 같다.

　방과 바깥세상을 연결해주는 통로가 창문이듯이 우리가 살아가고 있는 삶에서도 그와 같은 창문이 있지 않을까? 그렇다면 **삶의 창문은 무엇일까? 나는 사람이라고 생각한다.** 우리는 세상과 연결되어 세상을 알고 이해하면서 잘 살아가고자 한다.

　어떻게 해야 세상을 알고 배우고 이해할 수 있을까? 내 방의 창을 통해 바라볼 수 있는 세상의 모습이 한정되어 있듯이 내 삶을 통해 이해할 수 있는 세상의 크기와 깊이는 한계가 있을 것이다. 다른 집에 있는 창을 통해 보면 풍경이 다르듯이 각자의 삶을 통해 만들어진 세상의 모습은 제각기 다를 것이다. 그 사람을 통해서 또 다른 세상을 경험한다는 것은 너무나 귀중한 공부가 될 것이다.

여기에서 한 가지 생각해봐야 할 부분이 있다. 내 방의 창을 통해서 밖을 바라볼 때는 그 자체의 모습을 있는 그대로 받아들인다. 비가 오면 오늘은 비가 오는 날이구나, 바람이 심하게 불면 바람이 거센 날이구나, 햇살이 가득한 날이면 참 맑은 날이구나 라고 있는 그대로 받아들이듯이 말이다. 하지만 사람의 창을 통해 바라보는 세상은 그렇지가 않다. 있는 그대로 상대방의 세상을 보기 보다는 내가 살아온 세상의 기준으로 재단하고 판단하면서 옳고 그름, 맞고 틀림, 좋고 나쁨 등으로 왜곡하기 마련이다. 그로 인해 다양한 세상을 배우고 이해해서 세상의 크기를 키우기 보다는 내 세상에 맞춤으로서 편협한 무지의 극치로 내달리는 건 아닌가 하는 생각이다.

세상을 살아가기 위해서는 세상과 연결되어 있어야 한다. 즉 만나야 한다. 자기 방안에만 갇혀 있어서는 안 될 것이다. 《감옥으로부터의 사색》의 저자인 고 신영복 선생님은 스물일곱이라는 젊은 나이에 암울한 시대에 의해서 세상과 단절된 삶을 살아야 했다. 그것도 사형에서 무기징역을 언도 받고 무려 이십 년 동안 창문이 없는 고립된 방에서의 삶을 강제 당했다. 본의 아니게 멈춰버린 삶을 움직이게 하기 위해서 세상과 연결할 수 있는 창문을 찾게 된다. 스스로에게 주어진 배울 수 있는 여건은 자신밖에 없었기에 자신의 삶을 다시 바라볼 수 있는 창문을 만들었다. 그것은 바로 추체험(追體驗)이었다. 과거의 경험들을 오늘에 되살려내어서 재구성하면서 새로운 시각으로 바라보고 그것에서 배울 수 있는 바를 찾기 시작했다. 다시 생각하기를 통해 내 삶을 재경험하는 시간은 이전까지 가지고 있었던 관념의 틀에서 벗어나 진정한 현실의 세계를 깨닫게 되는 통찰을 갖게 했다.

이를 통한 삶의 경지를 경험한 후 가장 밑바닥 인생을 살면서 천시 받고 무시당했던 재소자들의 삶을 바라보는 시각의 변화를 겪게 된다. 죄목과 형량만으로 그 사람의 인생을 평가하기 이전에 그 처지를 먼저 살피고 이해하려는 노력이 먼저 선행되어야만 그 사람을 제대로 볼 수 있음을 알게 된다. 그러면서 우리가 살아가고 있는 세상을 좀 더 본질적으로 이해하게 되고 가슴으로 보고 가슴으로 소통하는 것이 무엇이고 그것이

더불어 함께 인간다운 세상을 만들어가기 위해 얼마만큼 중요한 것인가를 온몸으로 깨닫게 되었다고 한다.

우리는 소중한 사람들과 좋은 관계를 맺으며 사람답게 살아가기를 원한다. 그러기 위해서는 세상을 배우고 이해하는 힘이 필요하다. 내 방안에서 창문을 통해 보여지는 바깥세상을 있는 그대로 보고 받아들이듯이 내 삶의 기준이라는 창을 활짝 열고 그대로 받아들이는 자세가 중요하다. '왜 저러지, 어떻게 저럴 수 있지, 도무지 이해가 안 되네'가 아니라 '어떤 사정이 있었을까, 무슨 일이 있지, 어떤 인생을 살아온 거지' 라는 생각을 갖고 먼저 이해해보려는 마음이 중요하다.

가득 찬 컵에는 어떤 것도 새롭게 담을 수 없는 것처럼 진정으로 사람의 창을 통해 삶을 배우기 위해서는 먼저 내 삶의 컵을 비워야 할 것이다.

기존의 내 관념을 비워야 한다. 더 나아가 더 큰 세상을 만나게 하는 삶의 창문인 다른 사람을 대할 때도 현재의 모습만이 아니라 그 사람이 살아온 세상을 이해하려는 혜안을 가져야만 진정 배우고 함께 살아갈 수 있는 세상을 만들 수 있다고 생각한다.

관념의 세계

○
,

    아빠와 어린 아들이 함께 목욕탕에 갔다. 어린 아들이 조그만 대야에 물을 받아 발을 담그고 있다가 그 물로 세수를 하는 모습을 보고 발 담근 물은 더러우니 그 물로 얼굴을 씻지 말라고 타이른다. 잠시 후 아빠는 대중탕에 들어가 몸을 담그고 얼굴에 물을 끼얹으며 아들보고 들어오라고 한다. 이때 아들은 고개를 갸우뚱거리면서 말한다.

    "아빠는 왜 다른 사람들 발까지 담그고 있는 물로 얼굴을 씻어?"

    "…."

어린 아들에게는 도무지 이해 안 되는 모순된 이 상황이 아빠한테는 어떻게 해서 너무도 자연스러운 상황이 되었을까? 나는 이 이야기에서 원효대사의 해골바가지 물이 떠오른다.

우리는 세상을 어떤 방식으로 인식하며 살아가고 있을까? 있는 그대로의 세계와 관념이 만들어낸 세계, 어느 쪽일까? 세계의 영적 스승으로 일컬어지는 크리슈나무르티는 관념에 대해 이렇게 설명한다.

관념은 사고 과정의 결과이기에 사고 과정이 없으면 관념도 있을 수 없다고 한다. 또 사고라는 것은 축적된 기억의 반응이고 우리에게 기억이 없다면 사고는 생기지 않는다. 어떤 경험에 대한 기억의 반응이 사고의 과정을 작동시키고 그 결과가 관념이 된다.

그렇다면 우리는 어떻게 경험하고 그 경험을 축적해서 사고하고 행동하는 것일까? 지금까지 스스로 직접 경험을 통해 깨닫게 되었다는 확고한 관념이 어쩌면 이미 누군가가 경험을 통해 알게 된 것을 그냥 맹목적으로 받아들이고 따르고 있는 건 아닐까?

목욕탕의 우스개 상황이 매일 벌어지고 있는 현실의 모습이고 우리의 모습임을 돌아본다면, 시시때때로 충돌하는 다름과 틀림의 혼동을 조장하는 것이 이렇게 만들어진 각자의 관념에서 비롯된 것임을 알게 된다.

　있는 그대로의 세계와 인간이 만들어낸 관념의 세계에서 동시에 살아가고 있는 우리가 관념이라는 커튼을 열어젖히고 세상의 변화와 아름다움을 발견하는 길은 이러한 과정을 이해하는 것에서부터 시작해야 하지 않을까 생각한다.

다슬기 잡는 할아버지,
낚시하는 할머니

,

제법 녹음이 짙어지고 있는 오월의 햇살 맑은 조용한 평일 오후, 가까운 서원으로 바람을 쐬러 갔다. 서원 주변을 둘러보고 주차장으로 가기 위해 작은 계곡을 이어 놓은 다리를 건너는데 그 아래 풍경이 발걸음을 잡았다. 팔십 전후로 보이는 할아버지가 다리를 둥둥 걷고 허리를 숙인 채 다슬기를 잡고 있었다. 그 옆 조금 너른 바위에는 할머니가 앉아서 낚시를 하고 있었다. 두 사람은 부부로 보였다.

다슬기 잡는 할아버지, 낚시하는 할머니.

순간 이상하다는 생각이 들었다. 나에게는 다슬기 잡는 할머니와 낚시하는 할아버지가 더 익숙한데 지금 내 앞에 펼쳐진 모습은 그 반대였기 때문이다. 내가 발걸음을 멈춘 이유였다. 나도 모르게 웃음이 나오며 순간 이런 생각이 드는 거다. 내가 왜 이상하다고 생각하는 거지? 그럴 수도 있는 일 아닌가? 그러면서 '이상하다는 것은 무엇일까?' 라는 생각이 뒤따라왔다.

여름에 눈이 내린다거나 봄에 국화가 핀다는 것은 분명 이상한 일일 것이다. 하지만 지금 내가 본 장면이 정말 이상한 것인가? 상황 자체가 이상한 것인가 아니면 내 주관적 판단에 의해 이상하다고 생각하기에 이상한 것인가?

어쩌면 어느 세월에서는 할아버지가 낚시를 하고 할머니가 다슬기를 잡았을 수도 있을 것이다. 아니면 두 사람이 함께 다슬기를 잡기도 했을 것이다. 그러다 할머니 무릎이 안 좋아져서 더 이상 다슬기를 잡을 수 없게 되어 다슬기 잡는 할아버지 옆에 무료하게 있느니 낚시라도 하면서 함께 무언가를 하고자 하는 마음이었을 수도 있다. 이외에도 여러 사정이 있을 수 있다. 하지만 나는 내가 평소에 갖고 있던 기준과 다르기에 아무 생각 없이 이상하다고 판단을 해버린 것이다.

살아가면서 이렇게 생각하고 행동하는 경우가 얼마나 많았을까 하는 생각을 해봤다. 그러면서 네가 맞니 내가 맞니 옥신각신 다투면서 서로에게 얼마나 많은 폭력을 가했을까 싶었다. 그 자체로 이상한 것이 과연 얼마나 될까? 내 기준에 맞지 않아서 이상한 것으로 치부해버린 것이 더 많지 않았을까?

다슬기 잡는 할아버지와 낚시하는 할머니의 모습을 보면서 두 사람의 삶의 모습을 이리저리 다양하게 상상하다 보니 더없이 정겹고 따뜻했다. 서원의 수려한 경치 속에 노부부의 모습이 함께 담긴 한 폭의 산수화를 보고 있는 느낌이었다. 그리고 이 그림은 오랫동안 내 가슴속에 남아 있겠구나 생각했다.

이 또한 그 자체가 아니라 내 생각이 만들어낸 형상일 수 있을 것이다. 하지만 이상한 모습으로 기억되는 것보다 따뜻한 울림을 주는 산수화로 남아 있는 것이 훨씬 좋지 않을까.

이상하다는 것, 그것은 어쩌면 내가 이상한 것이지 그 자체와는 아무런 상관이 없는 것이다. 이제부터는 이상하다는 생각이 들 때마다 아집의 색칠을 할 것이 아니라 자체의 모습에 다양한 이야기로 채색하여 나름의 의미 있는 풍경으로 간직해야지 라는 다짐을 해본다.

소통이 힐링이다 ─────────

○
,

지금 시대에 최대의 화두를 꼽으라면 단연 '소통'과 '힐링'일 거라 생각한다. 어느 곳을 가더라도 접하게 되는 것 같다. 그 이유가 무엇일까? 잘 안 되기 때문이다.

물고기가 헤엄을 치지 못한다면 어떻게 될까? 물고기의 생활 터전은 물속이고, 물속에서 살아가기 위해서는 헤엄치는 능력이 기본이자 필수이다. 그런데 헤엄치는 능력이 없다면 이 물고기의 운명은 어떻게 되겠는가? 우리에게 소통능력은 물고기에게 있어서 헤엄치는 능력과 같지 않을까?

소통이 되지 않으면 어떠한 일도 제대로 이룰 수 없다. 인간 관계에서부터 시작해서 크고 작은 일의 이룸까지 소통이 되지 않으면 불가능하다. 또 소통이 되지 않으면 끊임없이 마음의 상처를 입게 된다. 힐링이 중요한 이유가 여기에 있다. 소통이 잘 되면 그 자체로 '힐링'이 되는 것이고 그렇지 않으면 '킬링' 이 되어질 것이다.

사람을 가장 힘들게 하는 것은 무엇일까? 사람이다. 사람을 가장 행복하게 하는 것은 무엇일까? 사람이다. 사람과의 관계 가 어떠하냐에 따라 삶의 질은 엄청난 차이가 난다. 학생들의 왕따 또는 학교 폭력, 자녀와의 갈등, 부부갈등, 고부갈등, 직장 상사 및 동료 간의 갈등, 음해, 악플 등 관계에서 빚어지는 갈등 과 반목은 우리의 삶을 피폐하게 만드는 주된 요인이다. 급기 야는 막다른 선택을 하게 만든다. 가슴 아픈 사연들을 너무나 자주 언론을 통해 접하고 있다.

개성이 다른 다양한 사람들과 사회라는 울타리 안에서 공동 체를 형성하면서 살아간다는 것은 이로운 점도 있지만 서로의 생각 차이로 많은 문제, 즉 갈등을 야기하기도 한다. 낮이 있으 면 밤이 있듯이 함께의 즐거움과 득이 있으면 함께라서 갈등과 반목이 있을 수밖에 없다. 갈등 상황을 만들지 않으려고 노력하는 것도 중요하지만 필연적으로 발생하는 것이므로 갈등이 생기면 어떻게 슬기롭게 잘 해결할 수 있을지에 집중하는 것이 중요하다. 건강한 사람, 건강한 조직이란 문제가 없는 사람이나 조직이 아니라 문제가 발생했을 때 얼마만큼 잘 해결할 수 있는 사람 또는 조직이냐에 달려 있다.

갈등은 여러 가지 원인에 의해 발생하지만 그 해결방법은 하나다. 바로 소통이다. 원활한 소통은 삶의 질을 높인다. 힐링은 소통에서 시작한다.

소통, 왜 이렇게 안 될까

,

　우리 사회를 휘몰아치듯 강타한 '웰빙'이라는 생활 패러다임이 있었다. 웰빙이라는 말이 들어가지 않으면 상품성이 없거나 시대에 뒤떨어져 보였다. 특히 식재료와 음식점과 관련해서는 가히 폭발적이었다. 심지어 웰빙이라는 말이 외래어이기에 순수한 우리말을 사용하자는 취지에서 공모를 통해 '참살이'라는 신조어까지 탄생했다. 그런데 십수 년이 지난 지금은 어떠한가. 짙은 새벽안개가 아침햇살에 순식간에 사라지듯 그 단어는 찾아보기 어려워졌다. 왜 그럴까? 그때만큼 몸과 마음에 대한 건강의 중요성이 없어졌기 때문일까?

이미 너도 나도 웰빙의 중요성과 필요성을 깨닫고 잘하고 있다. 계속 웰빙하자고 외칠 필요가 없어졌다. 사라진 것이 아니라 온전히 젖어들어 자연스러운 생활양식이 되어버린 것이다.

그럼, '소통'은 웰빙만큼 중요하지 않기에 아직까지 해결을 하지 않고 있는 것인가?

웰빙은 나 혼자서 할 수 있는 반면 소통은 혼자서는 할 수 없기 때문일 것이다. 건강 식단을 짜서 유기농 재료를 사용하고 화학조미료는 멀리하고 식당에서도 원산지를 확인하고 자극적인 맛이 나면 그 식당에 다시 안 가면 그만이다. 식사량 조절에서부터 궁합에 맞는 음식 섭취와 독소 배출을 하는 방법, 적절한 운동 등 모두 스스로 결정해서 이행하면 된다. 하지만 소통은 아무리 혼자 노력한다고 해도 상대와 맞지 않으면 허사다. 모두 내 마음 같기를 바라지만 어떤 것도 내 마음 같지 않다.

소통은 어떤 상태를 말하는 것인가? 내가 상대방을 잘 이해하고 있고 상대방 또한 나를 잘 이해하고 있는 상태가 아닐까? 불통은 그 반대의 상황일 것이다.

내가 잘 모르는 상대방을 이해하기 위해서는 어떻게 해야 할까? 상대방의 생각을 들어봐야 한다. 듣지 않고 알 수 있는 방법이 있는가? 결국 소통이라는 것은 이해이고 이해는 듣기를 통해 상대방의 생각이 무엇인지를 알아보는 것이다.

내가 아무리 논리 정연하게 설명을 잘한다고 해도 상대방이 듣지 않으면 아무 소용이 없다. 또 듣고 싶은 마음이 없다면 시끄러운 소음일 뿐이다. 반면 잘 듣는 능력이 있거나 듣고 싶은 마음이 있을 때는 상황이 달라진다.

우리는 어떤 사람의 말은 귀 기울여서 잘 들으려고 하고 또 어떤 사람의 말은 안 들으려고 한다. 왜 그럴까? 내가 좋아하는 사람이 말을 할 때 어떻게 하는가? 또 내가 싫어하는 사람이 말을 할 때는 어떤가? 큰 차이가 있을 것이다. 그렇다면 소통을 잘하기 위해서는 가능하다면 상대방이 나를 좋아하거나 호감을 가지게 하는 것이 중요할 것이다.

에이브러햄 매슬로우와 많은 심리학자들의 연구 결과가 말해주듯이 우리는 나를 인정해주고 존중해주는 사람을 좋아한다.

다음 상황을 가정해보자.

5명이 있다. 나는 지금 무엇인가에 대해 열심히 이야기를 하고 있다. 5명 중 2명은 서로 잡담을 나누면서 내 말을 듣고 있다. 또 다른 2명은 휴대폰으로 카톡을 하면서 앉아 있다. 1명은 나의 눈을 바라보면서 부드러우면서 진지한 표정으로 내 말을 듣고 있다. 여러분은 이 상황에서 누구에게 가장 눈길이 많이 가겠는가? 이들 중 누가 인격적으로 가장 훌륭하다고 생각되는가? 이들 중 누가 가장 똑똑해 보이고 능력이 있어 보이는가? 이들 중 누가 가장 마음에 들고 내 마음이 향하겠는가?

내가 하는 말은 나의 생각이고 나의 생각은 바로 내 존재 자체다. 상대방이 정성을 다해 듣고 있을 때 우리는 단순히 내 말을 잘 듣고 있구나 라는 차원을 넘어 내 존재 자체가 소중하게 받아들여지고 있다고 느낀다. 그로 인해 중요한 사람으로 인정받고자 하는 욕구가 충족되어 만족감을 느낀다. 나또한 나에게 만족감을 준 그 사람을 중요한 사람으로 인식하고 마음이 열린다. 마음과 마음이 통하는데 소통이 안 될 수 없다.

마음의 문의 손잡이는 안쪽에만 있다고 한다. 밖에서 아무리 상대방의 마음으로 들어가려고 해도 문을 여는 손잡이가 없어서 열 수가 없다. 마음의 문은 안쪽에서 밖으로 열어주어야만 열린다. 듣기가 바로 마음의 주인이 스스로 문을 열어주게 만드는 황금열쇠다. 사람을 얻는 자가 세상을 얻는다고 했다. 듣기가 소통에 있어서 중요한 이유다.

듣기를 방해하는 요인

'

 상대방이 이야기할 때 나도 모르게 딴 생각을 하고 있는 순간이 있다. 학창 시절 수업 시간 때 선생님 말씀을 하나도 놓치지 않고 열심히 들어야지 하는 마음으로 수업에 임했는데 정신 차리고 보면 다른 생각에 빠져 수업 내용을 듣지 못한 경험은 없는가? 왜 이런 일들이 일어나는 걸까?

 말하기와 듣기가 달리기 시합을 한다고 가정해보자. 어떤 모습일까? 경기장의 모습은 또 어떠할까? 미리 정해진 트랙이 있을까 없을까? 시합이 시작되면 말하기가 먼저 출발할 것이다.

앞서 달리면서 길을 하나하나 만들어갈 것이다. 그러면 듣기는 뒷짐을 지고 유유히 따라갈 것이다. 여유가 있으니 말하기가 열심히 길을 만들면서 달려나가는 모습을 뒤에서 구경을 하기도 하고 주변을 둘러보며 다양한 경치도 감상할 것이다. 그러다 시합중이라는 것도 잊은 채 다른 생각에 빠져 눈을 감은 듯, 허공을 나는 듯 춤을 추다가 말하기와 부딪쳐 정신을 차리기도 하지 않을까? 미안해하고는 잠깐 동안 시합에 집중하다가 또다시 같은 상황을 반복하지 않을까?

　말하기와 듣기의 달리기 시합 상황은 이렇게 이상한 모습으로 이루어져 있다. 말하기는 길을 만들면서 달려나가야 하므로 한 곳에 주의를 기울여 집중할 수밖에 없다. 반면 듣기는 말하기가 만들어놓은 길을 달리면 되므로 상대적으로 여유가 있어 주의가 분산되기 싶고 집중력을 오래 유지하기도 쉽지 않다. 말하기가 만들어가는 길에 완전히 매료되지 않는 다음에는 말이다. 말하기의 입장에서 보면 듣기의 시합에 임하는 태도가 얼마나 성의 없고 자신을 무시한다고 생각하게 만들까?

　이렇듯 소통을 할 때에도 상대방 말을 잘 들어야지 하는 마음으로 시작을 하지만 말하는 이의 뒤를 따라가며 듣는 형국이다 보니 자신도 모르게 다른 생각에 빠지게 된다. 본의 아니게 오해를 사는 일도 생기게 된다.

듣기를 방해하는 진짜 요인을 하나씩 살펴보기로 하자.

먼저 이해받기를 원한다

평소 우리는 상대방을 먼저 이해하려고 하기 보다는 상대방이 나를 먼저 이해해주기를 바라는 경향이 있다. 왜 그럴까? 빨리 내 마음이 편안해지고 싶기 때문이다.

시댁문제로 부부싸움을 했다고 가정해보자. 싸우고 난 직후에는 서로 감정이 식지 않아서 얼굴도 쳐다보지 않고 지낼 것이다. 하지만 그런 시간이 하루이틀 지나다 보면 불편하고 마음의 피로감도 높아진다. 퇴근하고 집에 들어갈 생각을 하면 싸늘한 집안 공기가 느껴지고 식탁에 마주 앉아 밥 먹을 생각을 하면 숨이 막혀온다. 편히 쉬고 싶지만 집은 이제 가시방석 같다. 더 이상 이렇게는 지낼 수가 없다는 생각이 들면서 어떻게 해서든 화해를 해야겠다고 다짐한다. 상대도 마찬가지다.

어떻게 하면 오해하고 있는 상대를 이해시킬 수 있을까? 어떻게 설명을 해야만 그 상황을 이해해줄까? 온통 머릿속은 나를 이해시킬 말들로 가득하다. 내가 그렇다면 상대도 같을 것이다. 내가 왜 그렇게 화가 났는지, 무엇 때문에 그렇게 했는지, 나를 더 속상하게 하는 것이 무엇인지 등 본인의 입장을 이해시키고자 하는 말들로 가득할 것이다.

드디어 냉전을 풀고자 두 사람이 마주 앉았다. 어떤 일이 일어날까? 아마 서로 자신을 이해시키고자 필사적으로 말을 할 것이다. 때로는 간곡하게, 때로는 진정을 담아서, 때로는 이해한다는 말과 표정을 지으면서 온몸으로 피력할 것이다. 각자가.

하지만 그런 노력과는 무관하게 시간이 지날수록 서로가 같은 말을 계속 되풀이하고 있다는 것을 느끼게 된다. 거대한 벽 앞에서 혼자 고래고래 소리를 지르고 있는 듯한 절망감이 든다. 사람이라면 내가 이 정도로 숙이고 상황설명을 하면 손톱이라도 들어가야 하는 것이 정상일 텐데 이 사람은 도대체 뭐지, 지금까지 내가 사람을 잘못 본 건가, 이렇게 자기밖에 모르는 사람이었나, 나를 사랑하기는 하는 걸까 등 문제가 된 사건과는 상관없이 이제 그 사람 자체에 대한 됨됨이와 서로 간의 사랑을 의심하며 파국일로를 걷게 된다. 급기야는 막말까지 하고, 화를 참지 못해 해서는 안 될 마지막 말까지 뱉어내고 만다.

화해를 하기 위해 시작한 대화가 종종 더 큰 상처만 만들고 만다. 왜 이렇게 되었을까? 소통의 본질은 이해라고 했다. 상대방을 이해하기 위해서는 상대방의 말을 상대방의 입장에서 오로지 이해하고자 하는 마음을 갖고 들어야 한다. 듣는 자가 먼저 되어야 한다. 하지만 나를 먼저 이해시키면 자연스럽게 갈등이 해결될 거라는 생각이 앞서다 보니 듣는 자는 없고 말하는 자만 있게 된다. 어찌 원활한 화해가 이루어질 수 있겠는가. 오히려 보상심리가 작용하여 상황은 더욱 어려워질 뿐이다.

우리는 어떤 행위를 하면 그 행위에 따른 결과를 기대하게 된다. 오른손이 하는 일을 왼손이 모르게 하라는 말이 있지만 그것이 그리 쉬운 일인가. 실상은 오른손이 한 일을 왼손이 꼭 알아주기를 바라는 것이 세상일이다. 그것을 몰라주면 괜히 섭섭하고 때론 배신감마저 든다. 관계를 회복하기 위해 큰마음 먹고 시도했는데 알아주기는 고사하고 전혀 내 말을 들으려고 하지 않고 자기 입장만 내세우는 상대방이 어떻게 보일까? 나를 먼저 이해시키고자 하는 마음은 내가 하고 싶은 말에만 집중하게 만들어 상대방 말을 듣지 못하게 방해할 뿐이다.

자기 할 말에만 집중한다

　어떤 일을 해결하기 위해 여러 사람이 모여서 의논하고 있는 상황을 가정해보자. 그런데 이 일은 나의 전공분야다. 잘 알고 있고 많이 다루어봤으며 확실한 해결방법을 갖고 있다. 다른 사람들의 이런저런 이야기를 들을 필요 없이 내 생각대로만 하면 쉽게 해결할 수 있을 것 같다. 이럴 때 우리는 어떻게 하는가? 다른 사람들의 의견을 묵살하고 내 방법이 유일하다는 듯이 단정적으로 말하면서 모두 따르도록 하고 있지는 않은가?

　문제는 나만 이 일에 대해 잘 알고 있고 확실한 해결방법을 갖고 있다고 생각하는 게 아니라는 데 있다. 다른 사람 중에서도 나와 같은 생각을 하는 사람이 있을 것이다. 서로가 자기의 방법만이 옳다고 고집한다면 어떤 일이 벌어질까? 실제 이런 일들이 많이 일어나고 있다.

　또 다른 경우를 생각해보자. 여럿이 모여 이런저런 이야기를 재미있게 하고 있다. 이때 반짝! 하고 할 말이 딱 떠오른다. 그러면 우리는 떠오른 이 말을 하고 싶어 안달이 난다. 하지만 아직 다른 사람이 계속 이야기를 하고 있다. 내가 생각한 말을 까

먹으면 안 되니 계속 머릿속으로 할 말을 되뇌게 될 것이다. 조금 전에 할 말이 있었는데 생각이 나지 않아 말을 하지 못했을 때의 답답함을 경험한 사람들은 그 심정을 잘 안다. 심지어 밤에 잠을 못잘 정도로 안타까워하기도 한다. 멋진 말을 해서 내 존재감을 드러낼 수 있는 기회였는데 그 말을 까먹어서 좋은 기회를 날려버렸다는 생각에 애가 끓는 것이다. 그러다 보니 내 할 말을 까먹지 않으려고 신경 쓰는 동안 정작 상대방의 말을 들을 여유가 없게 된다.

내가 생각한 말을 다른 사람이 먼저 해버리거나 타이밍을 놓쳐 제때 하지 못할 수도 있으니 호시탐탐 내가 들어갈 순간을 노린다. 여전히 다른 사람의 말이 길게 이어지고 있으면 초조함을 이기지 못하고 그만 중간에 끊고 들어간다. 한참 열중해서 말을 하고 있는데 누군가가 불쑥 내 말을 잘라먹고 불법 침입한 경험이 있는 사람은 안다. 얼마나 불쾌한지. 이런 기분이 들게 만든 사람의 말을 우리는 고매한 인품을 앞세워 존중하며 경청하고 싶은 마음이 들지 않는다. 이에는 이, 눈에는 눈이다. 서로 자기 할 말을 앞세워 다른 사람의 말을 막아버린다. 점점 언성이 높아지고 감정도 고조되고 분위기가 격양된다. 이후의 상황이 어떻게 될 것인가는 상상에 맡기겠다.

이렇듯 내 할 말에만 집중하다 보면 상대방 말을 잘 듣지 못하게 된다.

우리는 자기만의 창으로 세상을 본다

각자 생김새가 다른 만큼 우리는 생각도 다 다르다. 같은 경험을 하더라도 경험에 대한 생각들은 모두 다르다. 저마다 자기만의 방식으로 세상을 바라보기 때문이다.

누구나 세상을 대하는 자기만의 창을 가지고 있다. 그렇다면 다른 사람의 생각을 들을 때는 누구의 창으로 들어야 할까? 그렇다. 상대방의 창, 즉 상대방의 입장에서 들어야 한다. 하지만 실상은 그렇지 못하다. 상대방도 그렇다. 나와 생각이 같으면 맞거나 옳은 것이고, 다르면 틀리거나 그른 것이라고 판단한다. 다름이, 다름이 아니라 틀림이 되는 순간 충돌은 불가피하다.

모르는 사람이거나 크게 관계하지 않아도 되는 사람이라면 그러려니 하고 넘어갈 수도 있겠지만 밀접한 관계를 맺고 있는 상대라면 문제는 달라진다. 틀린 생각, 그른 생각을 하고 있으니 어찌 그대로 봐줄 수가 있을 것이며 잘못된 길로 가고 있는데 어찌 보고 있을 수만 있겠는가? 어떻게 해서든 내가 생각하는 바른 길로 인도하려 할 것이다.

우리는 생김새가 다른 것은 당연하게 생각하면서 생각은 왜 나와 같아야 된다고 여기는 것일까. 경험의 차이가 생각의 차이를 만들고 각자의 세상이 다르다는 것을 이해해야 한다.

A는 어렸을 때 개에게 물려 큰 상처를 입은 경험이 있다. 어른이 된 지금도 개만 보면 오금이 저린다. B는 어렸을 때부터 집에서 개를 키웠다. 일상을 함께하는 둘도 없는 친구다. A와 B는 같은 곳에서 강 건너를 바라보고 있다. 잔디밭에서 어린아이가 개와 함께 뒹굴고 있는 모습을 봤다. A와 B는 그 상황을 어떻게 받아들일까? 개에게 물려본 경험이 있는 A는 개가 아이를 덮치고 있다고 생각할 것이다. 당장 달려가 아이를 구해주고 싶지만 두려움에 발이 떨어지지 않는다. B는 개랑 아이가 즐겁게 놀고 있다고 생각할 것이다. 본인도 달려가 함께 장난치며 놀고 싶어 할 것이다.

같은 상황을 보고 이와 같이 전혀 다르게 인식할 수 있다. 이건 맞고 틀리고의 문제가 아니라 다름의 문제이다. 서로의 경험의 차이가 만든 생각의 차이로 다르게 보이는 것이다.

여름을 유독 좋아하는 사람이 있는가 하면 여름을 엄청 싫어하는 사람이 있다. 자신이 처한 상황에 따라 낙엽 떨어지는 늦가을의 풍경이 낭만적으로 다가오는 사람이 있는가 하면 쓸쓸하고 고독하게 바라보며 고개를 숙이는 사람도 있다. 여러 사람과 함께 어울리기를 좋아하는 사람도 있고 혼자 또는 둘이서 조용히 지내기를 바라는 사람도 있다. 나열하자면 끝이 없다.

우리는 동시대에 살며 문화와 언어 그리고 지역이 같으면 모두가 같은 세상에서 살고 있다고 생각한다. 모두 나와 같은 생각을 하면서 살아가고 있을 거라고 생각한다. 과연 그러한가?

실제는 각자 자기 세상에서 살아가고 있는 사람들이 한 곳에 모여 살고 있는 것은 아닐까? 얼핏 들으면 같은 생각과 언어를 사용하고 있는 것 같지만 각자가 사용하는 의미는 다르며 들을 때도 제각각 자신의 언어로 듣고 자기식대로 해석해서 받아들인다. 모두 자기 세상의 언어를 사용하므로 모양만 같다고 같은 것이 아니라 실제는 모두 외국어를 구사하고 있는 것이다. 같은 말, 다른 뜻인 것이다. 듣기가 어려운 이유가 여기에 있다.

듣기를 향상시키는 방법 ─────

,

    남녀노소, 똑똑한 사람이거나 아니거나, 많이 배운 사람이거나 아니거나 누구를 막론하고 상대방의 말을 들을 때는 상대방 말에만 주의를 기울여 집중해서 들어야 한다. 그렇지 않으면 제대로 들을 수가 없다.

무조건 주의를 기울여 집중하고 또 집중하기

    여기에서 주의를 기울여 집중한다는 것은 몰입을 말한다. 재 있는 영화나 드라마를 볼 때 흠뻑 빠져들다 보면 시간이 언제

이만큼 흘러갔는지 느끼지 못할 때가 있다. 어떤 일에 열중하다가 정신을 차려보면 몇 시간이 순식간에 지나 있다. 또한 영화를 보고 있는 나, 일을 하고 있는 나를 의식하지 못하게 된다. 무언가를 하고 있는 나를 자각한다는 것은 이미 하고 있는 그 일에서 빠져나온 상태이다. 즉 몰입에서 빠져 나온 상황이다.

상대방 말을 들을 때도 마찬가지다. 듣고 있는 내가 느껴진다면 나는 이미 상대방의 말을 듣고 있는 것이 아니다. 그럼 무엇을 하고 있을까? 듣고 있는 것은 맞지만 상대방이 하고 있는 말에 대한 나의 생각을 듣고 있는 것이다. 상대방 말을 듣고 있는 것이 아니라 내 말을 듣고 있는 것이다.

상대방의 창으로 있는 그대로 듣는 것이 아니라 나의 창으로 받아들이면서 판단하고, 평가하고, 해석하면서 듣는 것이다. 상대방 말을 내 마음대로 듣고 있는 것이다. 그러면서 우리는 상대방의 말을 내 두 귀로 들었기 때문에 내가 기억하고 있는 것이 틀림없는 사실이라고 여긴다. 나는 분명히 업무 지시를 이렇게 하라고 들어서 수행을 하고 보고서를 올렸는데 상사는 누가 이렇게 하라고 했느냐면서 문책을 한다. 미치고 환장할 노릇이다. 한쪽에서는 사람이 이랬다 저랬다 하니 갈피를 잡을 수가 없다고 생각하고 다른 한쪽에서는 말귀를 못 알아듣는 사람이라고 한심해한다. 일상에서 내 마음대로 듣고 해석하는 일이 만든 오해와 불편한 상황은 부지기수다.

상대방의 말을 들을 때 듣고 있는 내가 느껴진다면 빨리 알아차려야 한다. 나는 지금 상대방의 말을 있는 그대로 듣고 있는 것이 아니라 상대방의 말에 대한 내 생각을 듣고 있구나 라는 것을. 알아차렸다면 다시 내 창을 닫고 상대방의 말속으로 주의를 기울이고 집중해서 들어가야 한다.

여기에서 한 가지 더! 눈맞춤을 하면서 들으면 집중력을 높이고 유지하는데 도움이 된다. 말을 할 때도 마찬가지다. 상대방이 내 말을 잘 듣기를 바란다면 상대방과 눈맞춤을 하면서 말을 하면 집중해서 듣는 효과를 높이게 된다.

들은 말을 그대로 돌려주기

상대방이 말을 하는 중간에 내가 들은 내용을 나의 의견이나 느낌, 감정, 생각을 전혀 개입시키지 않고 들은 그대로 다시 돌려주면서 내가 들은 말의 내용이 정확한지 말한 당사자로부터 확인을 받는 것이 좋다. 같은 말, 다른 뜻으로 사용하는 외국어이기에 수시로 확인을 해야 한다. 특히 중요한 내용에 대해서는 꼭 이 과정을 거쳐야 한다. 가령 어떤 일을 하는 목적과 목표, 성과 내용, 내가 맡아서 해야 할 일, 내가 준비해야 할 사항, 날짜, 시간, 장소 등 서로 합의하거나 함께 맞춰야 할 내용은 그 자리에서 다시 한번 확인을 해야 한다. 이런 식이다.

"우리는 꿈이 있는 어린이 지도자를 양성하기 위해 다음 달 둘째 주 토요일에 화랑마을에서 어린이 지도자 양성캠프를 개최할 예정입니다."

"네, 우리는 꿈이 있는 어린이 지도자를 양성하기 위해 다음 달 둘째 주 토요일에 화랑마을에서 어린이 지도자 양성캠프를 개최할 계획이군요."

"네, 맞습니다. 그래서 선생님께서 담임교사로 활동을 좀 해주셨으면 좋겠습니다. 이번 주 수요일 저녁 7시부터 교사연수를 할 계획이니 바쁘시더라도 꼭 참여를 했으면 좋겠습니다."

"네, 제가 교사로 활동을 해줬으면 좋겠다고 생각하시는군요. 그리고 이번 주 수요일 저녁 7시부터 교사연수에 참여해 달라는 것이군요."

물론 모든 말을 이렇게 되돌려주면서 확인할 필요는 없다. 시시콜콜한 얘기까지 되돌려주면 오히려 상대방은 나를 놀리나 하며 불쾌해할 수도 있다. 꼭 확인이 필요한 중요한 내용에 대해서 이와 같이 하는 것이다. 그러면 상대방 말에 집중해서 듣게 되고, 불필요한 오해도 하지 않게 될 것이다.

반드시 세 가지는 듣자

상대방의 말을 들을 때 세 가지는 꼭 듣도록 하자.

첫 번째는 '무엇이다'에 대해서이다. 우리는 상대방의 얘기를 들으면서 내가 생각하고 있는 '무엇이다'와 비교를 한다. 이때 내 생각과 같으면 "맞지, 맞지" 하면서 바로 내 말을 하면서 끼어든다. 내 생각과 다르면 "에이 그게 아니지. 무슨 말을 그렇게 하는 거야? 생각이 왜 그래?" 하면서 또 끼어든다. 상대의 '무엇이다'가 내 생각과 같거나 다르더라도 바로 개입하지 말고 다음 말을 들어보려고 해야 한다.

두 번째는 '왜 무엇이다'라고 하는가이다. 그렇게 생각한 이유를 듣게 되면 무엇이다만 들었을 때와는 다르게 일리가 있구나 라는 생각이 든다.

세 번째는 어떻게 하고자 하는지, 또 어떻게 되었으면 좋겠는지를 듣는다. 여기까지 모두 듣고 나면 웬만큼 나와 다른 생각이더라도 상대의 생각을 이해하게 된다. 동의가 아니라 공감이다. '나도 똑같애'가 아니라 '네 생각이 무엇인지 알겠어' 라는 상태가 된다. 그러면서 나는 이렇게 생각하는데 라고 하면서 내 생각을 얘기하게 되고 서로 의논하는 분위기가 만들어지게 된다.

유치원에 갓 입학한 딸에게 아빠가 종이컵을 보여주며 묻는다.
"인경아, 이게 뭔지 알겠니?"
"응, 그건 화분이야."
'엥 이게 무슨 뚱딴지 같은 소리지? 아무리 다섯 살이라지만 종이컵 정도는 알아야 하는 것 아닌가?' 라는 생각이 들며 '이게 어떻게 해서 화분이야 종이컵이지' 라는 말을 하려다가 멈춘다. 그리고 다시 묻는다.
"왜 이게 화분이라고 생각하는데?"
"응, 오늘 유치원에서 채송화 심기를 했는데 그 화분에 심었거든."
"아 그랬구나. 어떻게 심었는데?"
"응, 바닥에 조그만 구멍을 몇 개 뚫고 선생님이 주신 흙을 넣고 그 속에다 씨앗을 넣었어."

"재밌었겠네. 그럼 그 화분은 어떻게 했는데?"

"김인경 이라고 이름 붙여서 창가에 두었지. 좀 지나면 잎이 나온다는데 정말 나오면 좋겠어. 너무 재밌었어."

"아 그랬구나. 잎도 나오고 예쁜 꽃도 필거야. 인경이 화분 참 이쁘겠다. 아빠도 한 번 보고 싶네."

"아빠는 이것으로 물을 마시는데. 컵이 없을 때 이것으로 물 마시면 간편하거든."

"아 맞다. 나도 그렇게 마셔본 적 있는데. 화분도 되고 컵도 되고 좋으네."

이렇게 세 가지를 다 듣게 되면 대화의 모습은 화기애애해지고 더 풍성해진다.

이해할 목적으로 들어라

《성공하는 사람들의 7가지 습관》에서 스티븐 코비는 "대부분의 사람들은 대화 상황에서 말을 하고 있거나 말할 준비를 하고 있을 뿐"이라고 했다. 그러면서 나를 가장 빨리 이해 받는 방법으로 '내가 먼저 상대방을 이해하고 그 다음에 나를 이해시켜라' 라고 제안한다.

두 사람 모두가 자신이 할 말만 생각하고 있다면 어느 누구도 듣는 사람이 없다. 듣는 사람이 없다는 것은 들을 준비가 전혀 되어 있지 않다는 말이다. 들을 준비가 되어 있지 않은 사람에게 아무리 논리정연하게 설명을 해도 소용이 없다.

나를 먼저 이해시키기 위해서는 먼저 상대방이 들을 준비가 되도록 환경을 만드는 것이 중요하다. 그렇게 하려면 내가 먼저 듣는 자가 되어야 한다. 목적은 서로를 이해해서 문제를 해결하는 것이므로 먼저 이해 받느냐 그렇지 못하느냐는 중요하지 않다. 내가 할 말은 잠시 내려놓고 상대방의 말에 집중하면서 먼저 들어야 한다. 서로의 생각 차이가 있다는 것은 그 부분만큼은 이해하지 못하는 것이 있다는 얘기가 되므로 내가 이해하지 못하고 있는 것은 무엇인지 이해할 목적으로 상대방의 말에 귀를 기울이는 것이다. 진정으로 이해하고자 하는 마음으로 듣는다면 미처 알지 못했거나 생각하지 못했던 사실이나 생각을 알게 되므로 이해하고 수용할 수 있게 된다.

물론 이해하고 수용한다고 해서 동의를 뜻하는 것은 아니다. 있는 그대로의 상대방의 생각에 공감한다는 뜻이다. 충분히 자신의 생각을 전했고 이해 받았다는 느낌이 들었을 때 상대방은 평온함을 느끼고 안정감을 찾게 될 것이다. 머릿속에는 더 이상 자신을 이해받고자 하는 말이 남아있지 않게 될 것이다. 더 이상 할 말이 없는 상태, 바로 이 상태가 자동적으로 들을 수 있는 준비가 되는 순간이다. 이제 내가 하고 싶은 말을 할 때가 된 것이다. 자신의 말에 정성껏 귀를 기울여 들어주고 공감한 사람의 말을 상대방은 어떻게 들을까?

건강한 대화

○

,

이제부터는 건강한 대화를 하기 위한 방법을 살펴보자.

우리는 매일 대화를 하면서 생활한다. 일상적인 대화에서부터 시작해 비즈니스 관련 대화, 보고, 회의 등 다양한 형태가 있다. 대화를 통해 돈독한 인간관계가 형성되기도 하고, 사랑이 싹트기도 하고, 일이 잘 풀리기도 한다. 원하는 성과를 거두기도 하지만 어긋나기도 하고, 깨어지고, 실패하고, 싸우기도 하고, 미워하게도 되며 갈등 또는 반목하게도 된다.

대화의 중요성은 아무리 강조해도 지나치지 않다. 대화를 잘하기 위해서는 먼저 대화가 무엇인지부터 알아봐야 한다. 사전적 의미로 풀어보면 대화(對話)는 마주할 對, 말씀 話로 마주보며 말하는 것을 뜻한다.

다음의 예를 보자.

저녁 여덟시쯤, 동네를 산책하다가 아는 사람을 만났다. 반가운 마음에 먼저 인사를 한다.

"안녕하세요? 저녁 식사는 하셨어요?"

"때 됐으니 먹었겠지요."

이렇게 말이 오갔다면 이건 대화일까, 대화가 아닐까? 사전적 의미로 봐서는 서로 마주보며 말을 했으니까 대화라고 할 수 있다. 하지만 기분 좋은 대화냐 라는 측면에서 보면 그렇지 않다는 생각이 든다. 먼저 인사를 건넨 사람은 굉장히 무안할 수 있으며 기분이 상할 수도 있다. 어쩌면 다음에 만나면 별로 인사하고 싶지 않을 것이다.

그렇다면 건강한 대화란 어떤 대화일까? 건강한 대화를 하기 위해선 대화란 무엇인지를 '다시 생각하기'를 해봐야 한다. 대화의 형태를 살펴보면 한쪽은 질문을 하고 다른 한쪽은 대답을 하는 모양으로 이루어져 있다.

"안녕히 주무셨어요?"
"응, 잘 잤어. 넌 잘 잤니?"

"어디 가세요?"
"공원에 운동하러 가. 넌 뭐 할거니?"

"일찍 출근하셨네요?"
"네, 차가 막히지 않아서 일찍 올 수 있었네요."

"결과 보고서는 다 됐나요?"
"네, 곧 결재 올리겠습니다."

이처럼 질문과 대답이 잘 조화를 이루고 있을 때 건강한 대화가 될 수 있다. 결국 '대화란 질문과 대답의 조화'이다.

대답부터 먼저 하자

대화 상황에서 상대방이 가장 듣고 싶어 하는 말은 무엇일까? 대화란 '질문과 대답의 조화' 라는 측면에서 살펴보면 상대방이 가장 듣고 싶어 하는 말은 상대방이 한 질문에 적절한 대답일 것이다. 하지만 대화 상황에서 보면 상대방 질문에 적절한 대답을 하기 보다는 내가 하고 싶은 말을 대답 대신 하는 경우가 많다. 그로 인해 대화를 망치는 경우가 많다.

앞 상황에서 저녁 식사는 했는지 물었을 때 가장 듣고 싶은 말은 먹었으면 '먹었다', 안 먹었으면 '안 먹었다' 라는 대답을 듣고 싶어 할 것이다. 하지만 상대방은 때 됐으니 먹었다는 자신이 하고 싶은 말을 대답 대신 한 것이다.

예를 하나 더 들어보자. 남편이 퇴근을 해서 집으로 돌아온다. 문 앞에서 초인종을 누른다. 아내는 문을 열어주며 반갑게 인사를 한다.

(상황 1)
"당신 오셨어요? 오늘 회사에서 별일 없었어요?"
"배 고프다. 밥 먹자."

(상황 2)
"당신 오셨어요? 오늘 회사에서 별일 없었어요?"
"응, 별일 없었어. 배 고프다. 밥 먹자."

상황 1과 상황 2에서 느끼는 부인의 마음은 어떨까? 상황 2와는 다르게 상황 1에서는 남편이 부인의 질문에 적절한 대답을 하기보다 자신이 하고 싶은 말, 즉 '배 고프다 밥 먹자' 라는 말로 대답을 대신했다. 부인은 자신의 질문에 적절한 대답을 듣고 싶은데 남편이 자기 말만 하니까 무시당했다는 생각이 들면서 기분이 상한다. 적절한 대답으로 조화를 이루면 평온한 상태가 되어 그 이후 상대방이 하고 싶은 말을 듣더라도 파문이 일지 않고 그대로 받아들일 수 있다. 하지만 대답을 듣지 못해 조화를 이루지 못한 상태, 즉 불편한 마음을 느낀 상태에서 상대방의 하고 싶은 말을 듣게 되면 감정에 파장이 일어난다. 말은 곧 그 사람 존재 자체다. 대화에서 대답이 가지고 있는 힘은 실로 막강하다 할 수 있다.

흔히 대화를 탁구에 비유한다. 친구랑 재밌게 탁구를 한다. 친구가 친 탁구공이 나에게 넘어오면 상대방이 잘 받아칠 수 있게 넘겨주고자 할 것이다. 그래야만 핑퐁이 계속 이어지고 재미도 있다. 이렇게 상대방이 잘 칠 수 있게 넘겨주려는 마음이 '배려'다.

건강한 대화의 첫 번째 규칙은 내가 하고 싶은 말이 아무리 앞서더라도 대답부터 먼저 하고 그 다음에 내가 하고 싶은 말을 하는 것이다.

나에게 넘어온 탁구공은
질문을 통해 상대방에게 넘겨주자

대화를 할 때 상대방이 질문을 하면 대답에서 그치는 게 아니라 질문을 해서 자연스러운 연결고리를 만드는 것 또한 중요하다. 다시 탁구 상황으로 생각을 해보면 탁구공이 나에게 넘어오면 상대방에게 넘겨줘야 되는데 넘어오는 족족 손으로 잡아버리면 어떻게 될까? 더 이상 진행이 안 될 것이다.

A : "선생님, 이번 주말에 좋은 계획 있으세요?"
B : "네, 가족들과 등산을 갈 예정입니다."

이 경우 탁구공은 누가 가지고 있는 것일까? A가 넘겨준 탁구공을 B가 가지고 있다. 그렇다면 다시 A에게 넘겨주려면 어떻게 하면 될까?

"네, 가족들과 등산을 갈 예정입니다. 선생님은 주말에 어떤 계획을 가지고 있으신가요?"

이렇게 되면 자연스럽게 상대방에게 탁구공을 넘겨주게 되어 대화가 끊어지지 않는다. 주거니 받거니가 되면 대화는 자연스럽게 이어지고 풍성해진다.

열린 질문으로 대화를 리드하자

하지만 그렇게 하지 않고 단답형으로 대답만 해서 대화가 자주 끊어지는 상대를 만났을 때는 어떻게 해야 할까? 친한 사이라면 크게 문제될 것은 없다. 대화의 재미는 좀 떨어지겠지만 이어나가는 데는 충분하다. 서로에 대해 알고 있는 내용이 많고 서로 공유하고 있는 것도 많기 때문이다. 확보하고 있는 탁구공이 많다는 이야기다. 그렇기에 매번 탁구공을 받고 넘겨주지 않더라도 내가 가지고 있는 다른 탁구공으로 계속 넘겨주면 된다. 하지만 알게 된 지 얼마 되지 않거나 처음 만난 관계라면 서로의 공통분모, 즉 활용할 수 있는 탁구공이 얼마 없으므로 상당히 곤란한 상황이 연출될 수가 있다.

실제 이런 난처한 경험을 몇 번 겪다 보면 낯선 사람을 만나거나 낯선 환경에 가는 것을 꺼리게 되고 심할 경우 대인기피증까지 생기게 된다. 흔한 모습 중 하나는 어떤 모임에 갈 때 먼저 친구에게 연락해서 오늘 모임에 가는지 안 가는지를 확인한다. 친구가 안 가면 나도 안 가야겠다고 생각한다. 앞선 난처한 상황에 대한 두려움을 안고 있는 것이다.

이럴 경우 질문하는 방법을 통해 해결할 수 있다. 질문에는 크게 열린 질문과 닫힌 질문으로 나눌 수 있다. 열린 질문은 상대방의 생각이 궁금해서 물어보는 질문이고 닫힌 질문은 상대방의 생각을 확인하기 위한 질문이다. 열린 질문은 말할 범위를 넓혀주는 질문이고 닫힌 질문은 좁혀주는 질문이다.

예를 들면 집에 손님을 초대해서 음식을 대접했다. 해물탕을 정성스럽게 끓여서 내놓으면서 묻는다.

"해물탕 맛이 어때요?" (열린 질문)
"해물탕 맛있죠?" (닫힌 질문)

오랜만에 지인을 만나 첫인사를 건넨다.

"요즘 어떻게 지내?"(열린 질문)

"그동안 잘 지냈지?"(닫힌 질문)

"해물탕 맛이 어때요?"라는 물음에는 "얼큰하면서도 시원한 것이 깔끔하네요"라든지 "오징어와 게가 싱싱해서 쫄깃한 식감이 끝내주는데요"등 나름의 해물탕에 대한 감상을 말할 것이다. 그러면 굳이 상대가 질문을 통해 대화를 이어가지 않더라도 "평소 얼큰한 맛을 좋아하시나봐요?"라든지 "해산물 직거래 하는 곳에서 샀는데 다행이네요. 싱싱한 해산물 좋아하신다면 제가 소개시켜 드릴까요?"등 자연스럽게 대화가 이어질 것이다. 반면 "해물탕 맛있죠?"라고 했을 때는 "네 맛있어요. 맛이 끝내줘요. 감사합니다." 정도의 대답이 돌아올 것이다. 거의 대화가 시작과 함께 마무리되는 상황이다.

열린 질문으로 대화를 이끌어 나가면 상대방 중심의 대화가 된다. 상대방의 말에 집중하면서 듣고 상대방이 한 말에 관심을 보이면서 진행을 하면 내 이야기에 관심이 많구나, 잘 들어주니 기분 좋은데, 뭔가 통하는 것 같다는 생각이 들면서 점점 대화를 하는데 적극적으로 임하게 되고 상대에 대한 호감이 생긴다. 호감이 생기면 궁금한 점이 생기고 자연히 질문을 하게 된다. 핑퐁이 시작된다.

질문하는 모습을 스스로 점검해보면 열린 질문보다 닫힌 질문을 더 많이 사용하고 있다는 사실을 발견하게 된다. 여기에는 여러 가지 원인이 있겠지만 환경적인 요인이 큰 것 같다. 닫힌 질문에 익숙해지면 단답형 대답만 하게 된다. 결국 언어 습관이 폐쇄형으로 굳어지게 된다.

이를 해결하기 위해서는 바둑을 복기하듯이 내가 한 대화를 복기해보는 것이 좋다. 그러면 내가 한 질문의 형태를 알게 되고, 닫힌 질문을 했다면 다시 열린 질문으로 바꾸어서 말해보는 연습을 해본다. 반복적으로 하다 보면 열린 사고습관이 만들어지고 열린 대화를 하는 모습으로 변화해갈 수 있다.

우리 몸에 피가 잘 순환되지 못하면 건강한 생활을 할 수 없듯이 인간관계에 있어서 소통이 잘 이루어지지 못하고 불통이 되면 그 관계는 병들게 된다. 내 존재의 가치, 내 삶의 의미, 바로 소통 능력에 달려 있다.

5장

생각 근육
키우기

"생각 좀 안 하고 살고 싶어요."
"생각을 좀 하려고 하면 골치가 아파서 이내 그만둡니다."
"생각하는 게 너무 힘들어요."
"생각하라고 하면 어디서부터 시작해야 할지 막막합니다."

내 생각을 표현하는 게
왜 이리 어려울까

○

,

"내 생각을 말이나 글로 표현하는 게 쉬운가요? 어려운가요?"

스피치 수업 시간에 이렇게 질문하면 열이면 열 모두 어렵다고 대답한다. 질문을 던지는 나도 예외가 아니다.

생각해보면 내 생각을 내가 표현하는 상황이므로 쉬워야 정상이다. 내 생각은 누구의 것인가? 나의 것이다. 나의 것을 누가 쓰려고 하고 있는가? 바로 나 자신이다. 내 것을 내가 쓰는데 이것이 어렵다.

다른 사람의 생각을 표현해보라고 한다면 아무리 말하는 능력이 뛰어난 사람이라고 할지라도 어려운 게 맞다. 다른 사람의 생각은 내 것이 아니기에 무슨 생각인지 알 길이 없다. 알수 없는 것을 무슨 재주로 표현할 수 있겠는가. 하지만 우리는 다른 사람의 생각이 아닌 내 생각을 표현하면서 살아간다. 또한 다른 사람의 생각을 표현해보라는 요구도 받지 않는다. 모두 나의 생각이 무엇인지를 묻는다. 그렇다면 내 생각은 내 것이고 내가 가지고 있는 것이니 그것을 그대로 표현하면 될 일인데 이것이 어려우니 더 답답하고 이상하다.

내 주머니에 돈 만원이 있다면 이 돈을 내가 쓰는 것은 쉽다. 내 돈이기에 마음만 먹으면 바로 쓸 수 있다. 하지만 다른 사람의 돈 만원을 쓰는 것은 쉽지가 않다. 내 돈이 아니기 때문이다.
개개인마다 다양한 이유가 있겠지만 나는 경험을 통해 '생각을 표현하기 어려운 이유'를 두 가지로 압축해 보았다.

보이지 않는 생각을 보이지 않는 말로 표현하는 일

첫 번째는 보이지 않는 나의 생각을 보이지 않는 말로 상대방에게는 보여주어야 하기 때문에 어렵다.

퍼즐 맞추기를 한다고 가정해보자.

30조각의 퍼즐이 앞에 놓여 있다. 이 퍼즐을 맞추어보라고 하면 짧은 시간 안에 쉽게 할 수 있을 것이다.

이번에는 똑같은 퍼즐을 상자 안에 집어넣는다. 뚜껑을 덮고 두 손만 들어갈 수 있게 구멍을 뚫는다. 그리고 두 손만 집어넣어 퍼즐을 맞추어보라고 한다면 어떻게 될까? 아주 오랜 시간이 걸리거나 아예 맞추지 못하는 사람도 있을 것이다.

똑같은 퍼즐이지만 왜 이런 차이가 생기는 것일까? 달라진 것은 한 가지 뿐이다. 보면서 맞추느냐 보지 않고 맞추느냐이다. 그에 따른 결과는 완전히 달라진다. 이렇듯 우리의 생각과 말도 보이지 않기에 표현하고자 하는 주제에 대한 나의 생각퍼즐들을 찾아 맞추는 것이 어려운 게 아닐까 라는 생각이다.

이런 원인이 어떤 식으로든 나의 생각을 내가 표현을 하는데 장애가 된다면 해결책 또한 이 안에서 찾을 수 있을 것이다. 퍼즐을 보면서 맞추듯이 내 생각을 보면서 표현하는 것이다.

간단한 실험을 해보자. 옆에 글을 읽어줄 누군가가 있다면 지금부터 제시하는 상황을 천천히 읽어달라고 부탁하고, 눈을 감고 읽어주는 상황을 그대로 머릿속으로 그려보기 바란다.

'나는 지금 나의 집 문 앞에 도착했다.

번호 키를 누르거나 열쇠로 문을 열고 안으로 들어간다.

현관 앞에서 신발을 벗고 거실로 올라선다.

거실을 가로질러 부엌으로 향한다.

냉장고 문 앞에 선다.

오른손으로 냉장고 문을 연다.

시원한 냉기가 전해진다.

냉장고 안을 들여다보았더니 샛노란 레몬이 있다.

왼손으로 레몬을 집어든다.

차가운 촉감이 손끝을 통해 느껴진다.

냉장고 문을 닫고 레몬을 도마위에 올려놓는다.

칼을 들고 레몬을 반으로 자른다.

새콤한 레몬향과 함께 차가운 레몬즙이 손가락을 타고 흐른다.

반을 자른 레몬을 들고 한 입 쓱 베어 먹는다.'

입안에 침이 고였는가? 침이 고였다는 것은 조금 전의 일련의 상황을 또렷하게 보고 생생하게 느꼈다는 증거가 아닐까? 이렇듯 우리의 생각은 보고 느낄 수 있다. 그렇다면 육안으로는 보이지 않는 생각을 우리는 무엇을 통해 보았을까? 나는 이것을 '생각의 눈'이라고 부른다. '생각의 눈'은 언제 떠질까? 생각해야 할 대상이나 상황에 집중했을 때 눈을 뜨고 작동을 시작한다. 시력이 좋으면 좋을수록 사물을 더 깨끗하고 분명하게 볼 수 있듯이 '생각의 눈'의 시력 또한 좋으면 좋을수록 생각을 더 명확하게 볼 수 있다. '생각의 눈'의 시력은 생각해야 할 대상이나 상황에 대한 집중도가 높으면 높을수록 좋아진다.

이렇게 나의 생각을 내가 조금이라도 자유롭게 표현하기 위해서는 '생각의 눈'을 통해 표현하고자 하는 생각을 생생하게 보고 느끼면서 표현하는 노력을 기울여야 한다. 그렇게 한다면 퍼즐을 보면서 맞추듯이 조금은 더 자유롭게 표현할 수 있게 될 것이다.

내가 가지고 있는 것이 진정한 내 생각인가

두 번째는 내 머릿속에 가지고 있다고 해서 모두 내 생각인가, 아니면 다른 사람의 생각이 단순히 내 머릿속에 들어와 있을 뿐인가를 살펴봐야 한다.

어떤 주제나 대상에 대해 이해하고 있다면 그 깊이에 따라 내 생각이 있지만 이름이나 말만 안다고 해서 그것에 대한 나의 생각이 있다고 할 순 없다. 생각이 없으니 표현할 수가 없다.

예를 들면 '착하게 살자'라는 말은 우리 모두가 알고 있는 말이고 그에 동의한다. "어떻게 살아야 할까요?"라고 질문하면 대부분 착하게 살아야 한다고 대답한다. 그럼, 이번에는 더 나아가서 '착하게 살자'라는 주제에 대해 설명을 한번 해달라고 하면 어떻겠는가? 순간 머리 속에는 '착하게 살자, 착하게 살아야 된다. 착하게 사는 것이 당연하지'라는 말만 맴돌 뿐 설명할 수 있는 다른 생각들이 잘 떠오르지 않는다. 그렇지 않은가? 이렇듯 다른 사람이 하는 말을 들어보니 그럴 듯하고 맞는 말인 것 같으면 대부분의 우리는 그 말을 그냥 받아들인다. 그 속에 담긴 뜻과 의미 등을 자세히 살피고, 곰곰이 생각하고, 이해하려고 하기 보다 그냥 그 말만 받아들이고 기억한다. 그리고 기억하고 있는 말을 평소에 하면서 살아간다. 그러다 보니 '착하게 살자'라는 말 이외에는 그것에 대한 구체적인 나의 생각이 없고 표현할 수가 없는 것이다.

그런데 누군가는 이런 과정을 거친다.

'착하게 살자'라는 말을 들으니 맞는 말인 것 같아. 그러면 착하게 산다는 것은 어떤 모습이지? 또 착하게 살지 않는 모습은 어떤 모습일까? 아 이런 모습이구나. 우리는 왜 착하게 살아야 할까? 착하게 살면 어떻게 될까? 착하게 살지 않으면 안 되나? 그렇게 했을 때는 또 어떻게 될까? 이와 관련된 여러 가지 상황들을 떠올려보자. 다른 사람들의 경우도 살펴보자. 아 결국 원하는 좋은 모습이 될 수 없겠구나. 그래서 착하게 살아야 된다고 말하는구나. 그럼 사람마다 다 다른데 나는 내 상황에서 어떻게 사는 것이 착하게 살아가는 모습일까? 가족관계, 친구관계, 사회생활, 지금 내가 하고 있는 일 등등에서 이런 마음으로 이렇게 하면 좋겠구나. 그렇다면 나의 모습은 또 나와 함께하는 사람들과의 모습은 어떻게 될까? 아 이렇게 되겠구나. 그래 역시 사람은 착하게 살아야 하는 것이 맞구나. 그렇게 살도록 노력해야겠다.'

　이렇게 '착하게 살자'라는 말을 나름 이해하고 나면 이해된 내용들은 '착하게 살자'에 대한 나의 생각이 된다. 이런 사람에게 '착하게 살자'라는 주제에 대해 설명을 좀 해달라고 하면 어떻게 되겠는가? 자신이 아는 범위 내에서 어렵지 않게 설명을 할 수 있을 것이다.

사람이나 대상에 대해서도 마찬가지다. 이름과 어떻게 생겼는지를 듣는다고 해서 그 대상에 대해 제대로 안다고 할 수 있을까? 또 표현할 수 있을까?

내 것이 아니면 내가 가지고 있더라도 마음대로 쓸 수가 없다. 수업시간에는 이렇게 예를 들어서 설명을 하기도 한다. 수업에 온 사람 중에 한 사람이 지인에게 빌려줬던 돈 천만 원을 현금으로 받았다. 은행에 입금하고 오려니 수업시간에 늦을 것 같아 수업 끝나고 집에 가는 길에 입금해야겠다고 생각하고 그냥 가지고 왔다. 그런데 수업 중에 고객이 급한 용무로 만나자는 전화가 왔다. 한 시간 정도 다녀와야 하는 상황인데 돈을 지니고 가기가 부담스럽다. 그래서 나한테 잠시만 맡아달라고 한다. 흔쾌히 알겠다고 하고는 어서 다녀오라고 한다. 나의 수중에는 천만 원이 있다. 그렇다고 해서 내 마음대로 이 돈을 쓸수가 있는가? 없다. 내가 가지고는 있지만 나의 돈이 아니기 때문이다. 내가 들어서 알고 있고 기억하고 있는 생각도 마찬가지다. 내가 가지고는 있지만 나의 생각이 아니므로 내 마음대로 자유롭게 쓸 수가 없다.

그럼, 어떻게 해야 하는가? 내 것으로 만들면 된다. 우리는 어떤 분야든 처음에는 그 분야의 전문가로부터 배운다. 학생일 때는 학교에서 교과서의 내용을 배우고 사회에 나오면 선임자로부터 매뉴얼을 통해 배운다. 배운 내용들을 단순히 암기만 한다고 해서 내 것이 되지는 않는다. 암기식 공부는 시험을 위한 임시방편일 뿐, 시간이 지나면 사라져버린다. 중요 단어 한두 개 정도만 희미하게 남아 있을 뿐이다. 다른 사람의 생각을 외우기만 해서는 내 것이 될 수 없다.

이해를 해야 한다. 이해하는 과정은 압축파일을 풀어서 하나하나 살펴보는 것처럼 배운 내용을 상황으로 풀어헤치고 유사한 내용에 비유도 해보고 나름의 상상력을 통해 유추도 해보고 내가 알고 있는 다른 상황들과 연결해서 핵심을 파악하는 등의 깊이 있는 사고과정을 거쳐야 한다. 그런 후 나름의 결론을 도출하고 그것에 대한 나의 생각들을 근거에 의해 정리해서 검증과정을 거쳐야 한다. 이렇게 이해를 하고 나면 처음에는 누군가로부터 배운 다른 사람의 생각이지만 이해한 내용은 이젠 완전한 나의 것이 되어 필요한 순간에 자유롭게 활용할 수 있게 된다.

우리는 모두 이렇게 한 경험이 있다. 가장 대표적인 것은 지금 현재 내가 일하고 있는 분야에 대해서다. 나의 전문 분야에 대해서 이야기를 해보라고 하면 말을 하는데 거침이 없을 것이다. 한 분야의 전문가가 되기 위해서는 오랜 시간 배우고 이해하고 실행하고 시행착오를 거치면서 나만의 노하우가 만들어져야만 가능하기 때문이다. 단순히 암기만으로는 전문가가 될 수 없다.

　　무언가에 대해서 생각한다는 것은 이해하고자 하는 노력을 한다는 말일 것이다. '생각이란 경험지와 상상력을 통해 만들어진다' 라는 말을 기억하고 있는가? 경험을 통해 알게 된 것 즉 '지(知)'를 만들어야만 생각이 된다. 그리고 말이 되어지는 것은 생각이고 우리가 표현하고자 하는 것은 생각이다. 이해 없는 생각이 있을 수 없고 생각 없는 말이 있을 수 없다. 이런 이유 때문에 나의 생각을 내가 표현하는데 어려움을 겪고 있다고 생각을 한다.

생각은 생각의 형태로 해야 한다 ———

,

잘 생각하고 잘 표현하기 위해서는 생각하는 훈련이 필요하
다. 인간은 생각을 하기 위해 두 가지 사고 기능을 활용한다고
한다. 심상적 사고와 개념적 사고가 그것이다.

심상적(心象的) 사고는 상과 이미지를 통해서 사고하는 방식이다.
본래의 생각의 모습을 떠올리면서 생각하는 것이다. 예를 들어
어머니를 생각할 경우에는 어머니의 형상과 함께했던 모습들
을 떠올리면서 생각하는 것이다. 사랑, 우정 등 추상적인 대상
은 그 이미지를 떠올리고 이미지에 맞는 상황들을 떠올리면서

생각을 하는 것이다. 심상적 사고는 종합적이고 통합적이면서 창의력이 넘치는 생각을 할 수 있게 한다.

개념적 사고는 언어를 통해서 생각하는 것이다. 모든 만물에는 이름이 붙어 있고 현상들에는 그에 마땅한 표현들이 있다. 모두 언어로 되어 있다. 그리고 수많은 지식과 정보들을 알기 쉽게 분류하고 체계화해서 활용을 한다. 그렇지 않다면 우리가 사는 세상을 배우고 이해하고 안전하게 적응하고 발전시켜나가는 것은 불가능할 것이다. 의사소통도 불가하다. 개념적 사고는 분석적이고 선형적이고 논리적인 생각을 하도록 한다.

다른 것도 마찬가지지만 잘 생각하고 잘 표현하기 위해서는 심상적 사고와 개념적 사고 모두 균형 있게 발달시켜야 한다.
언어가 발명되기 전에는 개념적 사고보다는 심상적 사고에 더 의존했을 것이다. 그러다가 언어가 발명되고 활용되면서 개념적 사고 기능이 발달하다가 급기야는 심상적으로 생각하는 기능보다 더 커지게 되었다고 생각한다. 체계적으로 정리된 내용에 대해서는 표현하는데 큰 어려움이 없지만 막연하거나 어렴풋하게 알고 있는 것은 머릿속에 형상이 떠오르기는 하지만 정리해서 표현하기가 어렵다. 떠오른 형상을 보면서 그것을 있는 그대로 표현하려고 하기 보다는 기억하고 있는 내용을 표현해야 한다고 생각하므로 기억이 잘 나지 않으면 말을 하지 못하게 되는 것이다.

예를 들어 '이순신 장군에 대해서 생각나는 대로 말을 해보라'고 하면 대부분 이순신 장군과 관련해서 역사적으로 배운 내용을 먼저 떠올리려 한다. 임진왜란, 난중일기, 백의종군, 명량해전, 한산도 대첩, 거북선, 선조, 원균 등 기억나는 내용들을 말하다가 더 이상 기억나지 않으면 말을 멈춘다. 앞에서 열거한 내용들을 말할 때 머릿속에서 영화를 상영하듯이 각각의 상황들이 파노라마처럼 펼쳐졌을까? 아니면 '이것 말고 배운 것이 더 있었는데 뭐였더라? 잘 기억이 안 나네' 했을까? 전자가 심상적 사고와 개념적 사고가 잘 어우러진 반응의 결과라고 한다면 후자는 개념적 사고에 치우친 결과라고 말할 수 있다.

어떤 대상에 대해서 생각을 할 때 생각의 모습 자체를 떠올리면 연상 작용에 의해 생각이 잘 펼쳐지지만 언어로 기억하고 있는 내용을 떠올리려 하면 생각은 닫혀버리고 만다.

이순신 장군과 관련해서 임진왜란이라는 상황이 떠올랐다면 임진년에 왜군들이 우리나라에 쳐들어와서 국토와 국민들을 유린하고 바람 앞의 등불과 같은 위험에 빠진 나라를 구한 명장의 모습이 펼쳐진다. 연이어 첫 번째 무과시험에서 말에서 떨어져 다리가 부러졌지만 나뭇가지로 동여매고 다시 말을 타고 끝까지 시험에 임한 결연한 청년의 모습도 보인다. 비록 시험에는 떨어졌지만 더욱 공부와 훈련에 매진하여 4년 후 무과시험에 당당히 합격한 모습도 보인다. 이렇게 상과 이미지를 통해 생각을 하면 대상과 관련한 생각들이 연이어서 펼쳐지고 날개를 단 생각은 계속 확장된다. 또한 그 상황에 대한 고통과 좌절 그리고 인내 등 인간적인 모습과 감정에도 닿게 된다.

하지만 단순히 기억에서 임진왜란이라는 말을 떠올렸다면 상이 펼쳐지기보다는 '그 다음 또 뭐가 있었더라' 관련어를 검색하고, 기억이 나지 않으면 생각이 멈추어버린다. 생각을 잘하기 위해서는 상과 이미지를 통해 본래 생각의 모습과 상황들을 떠올리면서 주제에 맞게 수렴하고 정리하여 언어로서 표현할 수 있는 능력을 모두 발달시켜야만 가능하다.

자, 이제부터 생각을 잘하려면 어떻게 하면 좋을지에 대해 알아보자.

생각 근육
키우기

생각하는 힘 키우기 1
: 일상 관찰하기

,

현장에서 스피치 수업을 하다 보면 이런 말을 많이 듣는다.

"생각 좀 안 하고 살고 싶다."

"생각 없이 산다."

"생각을 좀 하려고 하면 골치가 아파서 이내 그만둔다."

"생각하는 게 너무 힘들다."

"생각 자체가 없는 것 같다."

"생각하라고 하면 어디서부터 시작해야 할지 막막하다."

생각하는 행위도 노동이다. 육체적 노동만 노동이 아니다. 생각을 하려면 고도의 주의력과 집중력이 필요하다. 엄청난 에너지가 필요하다. 우리는 몸을 써서 일을 할 때는 힘을 써야 한다는 각오를 하지만, 생각을 할 때는 힘이 들 거라는 각오를 잘 하지 않는다. 생각할 때 얼마나 많은 힘이 필요한지를 인식하지 못하는 것이다.

힘이 드는 일인데 힘이 안 들 거라고 생각하고 시작한다. 생각의 실타래가 술술 풀리지 않으니 이내 골치가 아파지고 어렵게 느껴져 그만두고 만다. 시작은 했지만 끝까지 생각의 결정체를 만들지 못하고 대충 떠올리고 마는 것이다. 그런 상태에서 말을 하면 갈피를 못 잡고 횡설수설하게 된다. 그러면서 나는 말을 못하는 사람이니, 생각이 없는 사람이니, 생각이 짧은 사람이니, 생각하기를 싫어하는 사람이니 등의 핑계를 댄다. 생각하는 힘이 약하기 때문이라는 사실을 모르고 말이다. 원인은 생각의 근육이 약하기 때문이라는 것을 알아야 한다.

생각하기 힘든 또 하나의 이유를 든다면, 관성적으로 살아가기 때문이다. 늘 반복되는 일상이므로 굳이 다시 생각하고 깊이 생각할 필요가 없는 것이다. 늘 하던 대로 하면 별다른 문제가 생기지 않는다. 이미 익숙한 일들이고 잘 알고 있는 일들이 대부분이다. 작은 문제가 생기더라도 일진이 안 좋아서 그렇다고 치부하면 그만이다. 속이 좀 상하더라도 넘겨버리고 만다.

늘 갖고 있는 힘만 사용하면서 살아가면 생각 근육이 키워지지 않는다. 이런 상태에서 논리정연한 말을 해야 한다든지, 평소의 힘보다 더 큰 힘을 필요로 하는 중요한 일이나 새로운 일이 생기면 막힐 수밖에 없다. 뚫고 나갈 생각의 힘이 약하기 때문이다.

생각의 힘을 키우기 위해서는 일상을 관찰하는 자세에서부터 시작해야 한다. 생각은 경험을 통해 깨닫게 된 것, 즉 '경험지'를 통해 만들어진다고 앞서 언급했다. 경험을 어떻게 경험하느냐에 따라 생각의 질이 달라지고 힘이 달라진다.

"나는 지금까지 살아오면서 특별하고 특이한 경험들을 많이 못해봤다. 새로운 경험들을 많이 해야 느끼고 깨닫는 것이 있을텐데 지극히 평범한 생활과 늘 반복되는 일들만 하면서 살아왔기에 드러낼 만한 뛰어난 생각이 없다"는 분도 있을 것이다.

어릴 때 가장 하기 힘들었던 숙제, 일기 쓰기를 한번 떠올려보자. 일기 쓰는 것이 왜 그리 지겹고 하기 싫었을까? 일기 쓰는 것 자체가 힘든 게 아니라 '쓸 거리'가 없어서 힘들었을 것이다. '아침에 일어나 씻고 밥 먹고 학교 갔다가 집에 와서 숙제하고 놀다가 밥 먹고 잤다.' 매일 반복되고 평범하기 짝이 없는 일과를 어떻게 날마다 새로운 내용으로 쓸 수 있단 말인가.

날마다 새로운 즐거움이 가득한 신기한 놀이를 했다면 어땠을까? 일기 쓰는 게 지루한 숙제가 아니라 조금은 귀찮지만 그래도 할 만한 과제이지 않았을까? 일기쓰기를 즐기는 친구들도 있었을 것이다.

어른이 되어서도 마찬가지다. 날마다 새롭고 신기한 일들이 가득하지는 않다. 평생 한 번 겪을까 말까 한 대단한 경험들을 매일 하면서 살아가는 사람이 있을까? 뛰어난 생각과 말, 성과를 내는 사람들은 모두 특별한 경험들을 많이 했을까? 세상은 넓고 사람은 많으니 그런 사람이 있을 수도 있겠으나 나는 그렇게 생각하지 않는다.

우리는 반복되는 일상의 경험들을 하면서 살아간다. 어제 한 일을 오늘도 하고 내일도 하게 될 것이다. 어제도 회의를 했고 오늘도 미팅을 했다. 내일도 약식으로나마 접견을 할 것이다. 어제도 메일을 받고 보냈고 오늘도 그러했으며 내일도 그러할 것이다. 특별하고 대단한 삶이 아닌 그저 그런 평범한 삶이라 여긴다.

하루 일과는 신기하고 신선한 일들보다는 늘 해왔던 익숙한 일들로 채워진다. 이러한 하루하루가 모여서 1년이 되고 평생이 된다. 그렇다면, 경험을 통해 깨닫게 된 것이 생각이 된다고 했는데 이미 잘 알고 있는 일들이 대부분인 경험들을 하고 있으니 새로운 생각이나 위대한 생각은 만들 수 없는 것인가? 뛰어난 성과를 만들기 보다는 어릴 적 일기 쓰기처럼 매일 쥐어짜내기 식으로 생각하며 살아가야 하는 것일까?

여기서 곰곰이 따져봐야 할 것들이 있다.

첫 번째, 정말 우리가 어제와 똑같은 날을 반복하며 살아가고 있는 것일까?

'흐르는 강물에 두 번 발 담글 수 없다'라는 말도 있다. 똑같은 강물이지만 조금 전에 담근 강물은 이미 흘러서 저만치 갔다. 마찬가지로 어제의 나도 오늘의 나도 나이지만 어제의 나와 오늘의 나는 똑같은 내가 아니다. 어제 아침에도 일어나고 오늘 아침에도 일어났지만 어제 아침과 오늘 아침 일어났을 때의 나의 상태와 기분과 분위기가 똑같은가? 어제도 만났고 오늘도 만난 사람이지만 어제와 오늘의 모습과 함께 한 일이 똑같은가? 어제 하루를 대하는 마음과 오늘 하루를 대하는 마음이 똑같은가? 그로 인해 어제의 가능성과 오늘의 가능성이 똑같은가? 등을 생각해보면 같은 것이 하나도 없다.

이렇게 일상의 모습을 하나하나 세분화해서 살펴보면 새롭게 발견하고 깨닫게 되는 것이 한두 가지가 아니다. 그저 나도 모르는 사이에 이미 알고 있는 똑같은 일과 날이 반복될 뿐이라고 생각하기에 보고도 보지 못하고 느껴도 느끼지 못하고 스치고 보낼 뿐이다.

두 번째, 특별하고 대단한 가치를 가지고 있는 일은 어떤 일일까?

오늘 하루를 돌아보며 스스로 생각하기에 특별하고 대단한 가치가 있었다고 할 만한 일들이나 사람을 만났는가? 있다면 왜 그렇게 생각했고 없다면 또 왜 그렇게 생각하는가? 예를 들어 오랫동안 계획했던 배낭여행을 다녀왔다거나 20년 만에 초등학교 동기를 우연한 기회에 만나게 되었다거나 하는 일들을 특별한 가치가 있는 일이라 생각할 수 있을 것이다. 분명 특별하다.

하지만 나는 특별함에 대한 가치와 기준을 이렇게 생각한다.

어제도 출근했고 오늘도 출근한 직장을 내일부터는 더 이상 출근할 수 없게 된다면 어떻게 될까? 어제도 함께 생활했고 오늘도 함께 생활한 사람을 더 이상 볼 수도 함께 무언가를 할 수 없게 된다면 어떻게 될까? 특히 그 사람이 사랑하는 가족이라면. 어제도 걸을 수 있었고 오늘도 걸었지만 더 이상 내 두 다리로 걸을 수 없게 된다면… 매일 너무나도 당연하게 늘 곁에 있을 것이라고 생각하고, 하게 되리라고 생각하고, 주어질 것이라고 생각한 사람이나 일 또는 활동들을 더 이상 할 수 없을 때 우리의 삶은 어떻게 될까? 송두리째 흔들리고 뿌리 뽑히지 않을까? 이보다 더 특별하고 대단한 일이 있을 수 있을까?

우리의 삶은 1년에 몇 번 겪지 못할 일들 보다는 늘 반복되는 일상으로 채워진다. 또한 그 일상의 모습이 어떠하냐에 따라 삶의 모습이 달라진다.

그렇다면, 우리가 바라는 소중한 삶, 대단한 삶은 당연하다고 생각하기 때문에 너무나도 평범하게 받아들이고 있는 일상을 어떻게 대하느냐에 따라 달라지는 것이 아닐까?

지금 이 장에서 다루고자 하는 생각에 대해서도 마찬가지다. 몇 번 일어나지 않는 새로운 경험에 의해서도 위대한 통찰을 할 수 있겠지만, 그보다는 일상의 경험을 얼마나 가치 있고 의미 있게 대하느냐에 따라 조금씩 세상의 이치를 깨닫는 넓고 깊이 있는 생각을 가질 수 있을 것이다.

그래서 생각하는 힘을 키우기 위해서는 일상을 관찰하는 자세에서부터 출발해야 한다고 말하는 것이다. 물론 일상을 관찰한다는 것이 말처럼 그렇게 쉬운 일은 아니다. 사랑하는 사람을 잃은 사람이나 지금까지 별문제 없이 걸어오던 인생길이 어떤 사고나 불운으로 인해 끊어져버리는 엄청난 시련을 겪은 사람은 인생의 관점이 이전과는 완전히 달라진다. 당연한 것이 가장 특별한 것임을 알기에 소소한 일상을 놓치지 않고 소중히 바라보고 마음에 담는다. 그렇지 않고 순탄하게 살아온 사람들은 이미 알고 있고 가지고 있는 것을 누리는 기쁨 보다는 아직 갖지 못한 것을 가지려 하고 알지 못하는 것을 알려고 하는 마음이 더 크다. 일상의 관찰이 어려운 이유가 여기에 있다. 그렇다고 해서 시련을 일부러 겪을 수도 없다.

어떻게 하면 될까? '다시 생각하기'를 통해 일상을 재발견할 수 있어야 한다. 익숙하고 당연한 것을 낯설고 고귀하게 생각할 수 있어야 한다. 무신경, 무관심을 호기심과 관심으로 바꾸어야 한다. 이미 나에게 있다고 해서 영원히 주어질 것이라는 생각을 바꾸어야 한다. 모든 것은 변하고 반드시 끝이 있음을 깨달아야 한다. 홀로 존재하는 것이 아니라 관계 속에서 존재함을 이해하고 관계라는 관점에서 모든 것을 새롭게 보고 다시 생각해야 한다. 굳이 상실의 시련을 직접 겪지 않더라도 부재의 상황을 충분히 우리는 상상하고 결과를 가늠할 수 있다. 평소에 그렇게 하지 않아서 모르고 있을 뿐이다. 부모, 배우자, 자식, 친구, 동료, 일, 건강, 자유로운 생활 등 지금 현재 내 곁에 있고 자연스럽게 누리고 있는 상황을 잃어버리게 된다면 어떻게 될지 생각해보는 것이다.

그렇게 하면 평소 잊고 있었던 의미가 되살아날 것이다. 나라는 사람의 존재의 의미와 내가 하고 있는 일의 의미, 나와 함께하고 있는 사람들의 의미, 지금 내가 가지고 있고 누리고 있는 것들에 대한 의미 등이 새롭게 느껴지지 않을까? 의미를 다시 깨닫게 되면 모든 것은 이전에 내가 알고 있던 것과는 전혀 다른 차원으로 다가오게 된다. 김춘수 시인도 '꽃'이라는 시에서 노래하지 않았는가?

내가 그의 이름을 불러 주기 전에는
그는 다만
하나의 몸짓에 지나지 않았다

내가 그의 이름을 불러 주었을 때
그는 나에게로 와서
꽃이 되었다

의미를 찾게 되면 관심은 저절로 꽃처럼 피어날 것이다. 그것이 무엇인지를 알고 싶은 마음이 관심이다.

관찰은 관심에서 출발한다. 관찰에 이르는 길은 수많은 관심이라는 간이역으로 연결되어 있다. 이러할 때 우리들은 눈 뜬 봉사와 귀 열린 귀머거리에서 벗어나 초심자의 마음으로 당연한 것이 더 이상 당연한 것이 아니라 특별함으로 느끼게 되고, 익숙한 것이 더 이상 익숙한 것이 아니라 낯섦과 새로움으로 다가와 감사하는 마음을 갖게 될 것이다.

그로 인해 일상을 대하는 태도가 달라지고, 달라진 태도는 평소에 보지 못했던 것을 보고 깨닫게 하여 깊은 통찰로 이어질 것이다.

늘 해오던 일은 여전히 생계 수단이고 사회적 신분 상승의 징검다리라는 생각을 하지만 이제는 한 단계 더 깊이 들어가서 그 일이 가지고 있는 의미를 생각하게 되고 그 일을 필요로 하는 사람들을 생각하게 되기에 단순히 눈에 보이는 일의 성과만을 만들어내려 하기 보다는 일 자체가 가지고 있는 의미를 실현하기 위해 생각하고 노력하게 될 것이다.

함께하는 소중한 사람들에 대해서도 늘 곁에 있기에 관성적으로 대하기 보다는 어떠한 것으로도 대체 불가한 유일무이한 고유한 존재라는 것을 알기에 함께할 수 있는 시간과 사소한 어울림 하나하나라도 소중하게 여기고 담을 것이다. 그로 인해 나라는 사람의 존재의 의미도 달라지게 될 것이다.

이렇게 늘 반복되고 평범하기 그지없다고 생각했던 나의 일상의 경험들을 새롭게 하게 된다면 훌륭한 생각의 재료들을 만들어나갈 수 있을 것이다.

생각하는 힘 키우기 2
: 경험한 내용을 재창조하기

○
,

　보고 듣는 데서 끝이 난다면 오래 기억할 수도 없을 뿐더러 재발견한 내용을 창의적으로 활용하지 못할 것이다. '구슬도 꿰어야 보배'라고 생각의 퍼즐들도 서로 연결하고 재구성해서 한 편의 영상이나 사진 또는 글로 묶였을 때 빛이 난다. 묶는 과정에서도 새롭게 발견하고, 깨닫고, 무엇을 모르고 있고, 무엇이 더 필요한지 알게 된다. 이런 재창조의 경험은 더 세심한 관찰자가 되게 하고, 탐구자가 되게 하며, 내실 있는 수확자가 되게 한다.

여행 가서 남는 것은 사진뿐이라며 셀카부터 시작해서 여행지의 이곳저곳을 열심히 사진에 담는다. 마치 사진을 찍기 위해 여행을 온 듯이 말이다. 여행지에서 돌아와 열심히 생활하다 문득 갤러리를 본다. 아련한 추억이 떠오르며 여행에서 느꼈던 감흥이 되살아난다. 어떤 장소는 정확하게 바로 기억나지 않지만 찬찬히 더듬어보면 안개가 걷히듯 생생하게 떠오른다. 이번에는 여러 장의 사진들을 배경음악을 깔아 영상으로 편집해본다. 사진들을 모아모아 테마에 맞게 구성해보니 10분가량 분량의 영상이 만들어진다. 편안하게 앉아 스피커 볼륨을 조금 높여서 편집 영상을 감상한다. 어느새 가슴이 뭉클해지며 또 다른 감상에 깊이 빠져들게 된다. 여행지에서 미처 느끼지 못했던 벅찬 감동이 밀려온다.

그러면서 아쉬운 부분을 발견하고 다음에 여행을 갈 때에는 추억이 될 수 있는 다양한 장면을 놓치지 않고 담아야겠다고 다짐도 한다.

이런 경험들을 해보지 않았는가? 재구성만으로 또 하나의 의미 있는 여행을 경험하는 것이다.

이렇듯 사진을 찍듯이, 영상으로 편집하듯이 우리가 하는 경험들을 한 번의 경험으로 끝내지 말고 돌아와서 머릿속에 펼쳐 보는 것이다. 처음에는 물 흐르듯 떠오르는 대로 해보다가 소홀히 흘려보낸 것들에 대해서도 생각해보고 그 속에 담긴 의미를 찾아보기도 하는 것이다. 한 번 볼 때와 두 번 볼 때가 다르듯이 여러 번 생각하다 보면 생각의 퍼즐들은 처음에는 미처 알지 못했던 것을 다시 보여주거나 느끼게 해준다. 재발견은 여기에서부터 시작이 된다.

의도적으로 훈련을 해보면 좋다. 가령 함께하는 사람의 인물화를 그려보는 것도 좋다. 처음에는 마주보며 서로 그려보기를 한다. 그림 실력은 아무런 문제가 되지 않는다. 자기 실력껏 정성을 다해 그리면 된다. 그림그리기 대회가 아니라 관찰과 관찰 대상을 재구성하는 훈련이 목적이기 때문이다.

한 번만 해보면 바로 느껴진다. 오랫동안 봐온 사람이고 잘 알고 있는 사람이라고 생각했는데 이렇게 자세히 본 적이 한 번도 없었음을 새삼 깨닫게 된다. 눈이 생각보다 크고 속쌍커풀이 이렇게 예뻤나, 눈, 코, 입이 특별히 잘생긴 건 아닌데 서로 조화를 잘 이루고 있는 얼굴이구나, 그래서 표정이 좋아 보였구나 등 평소에는 미처 알지 못했던 부분이 내 눈과 손끝을 거치면서 새롭게 탄생한다.

그다음에는 보지 않고 머릿속에 떠올린 상태에서 그려본다. 사람뿐 아니라 관심가는 대상이나 상황에도 똑같이 적용해보면 된다.

책을 읽을 때도 마찬가지다. 책의 내용을 단순히 읽어나가기보다는 글이 묘사하고 있는 상황, 인물, 대상, 풍경 등을 하나하나 머릿속에 그림을 그리듯이 떠올리며 읽어보라. 그리고 머릿속 풍경을 그림으로 그려보거나 상상력을 보태어 나의 말이나 글로 표현해본다.

막상 해보면 말처럼 쉽지 않다는 것을 알게 된다. 글의 내용만 이해하는 것도 벅찬데 상황 상황들을 생경하게 머릿속에 그린다는 것이 맘처럼 잘 안 된다. 마을 풍경이나 한 사람의 인물을 자세하게 묘사하고 있는 단순한 것도 어렴풋하게 그려질 뿐 눈앞에서 보는 듯 자세하게 떠올리기가 어렵다. 잘하는 사람도 있겠지만 평소 훈련이 되어 있지 않으면 내 생각을 형상화한다는 것이 만만하지가 않다는 것을 알게 된다. 그만큼 생각하는 힘이 약하다는 뜻이다.

잘 안 된다고 실망할 필요는 없다. 생각을 시각화하는 능력은 우리 모두 가지고 있다. 다만 훈련을 하지 않아 녹슬어 있을 뿐이다.

고차원적인 형상화까지는 아니더라도 노력 여하에 따라 3차원의 세계를 생각으로 그려보는 것은 얼마든지 가능하다. 설계도를 보면 이것이 어떤 형태의 건물인지 바로 알아보기가 어렵지만 조감도를 보면 한눈에 건물의 모습이 눈에 들어오는 것처럼 우리의 생각을 시각화하고 재구성해서 보고 느끼게 되면 이전에는 알지 못했던 새로운 사실을 발견하고 이해할 수 있을 것이며 다른 형태로 활용할 수 있는 창조력을 가질 수 있을 것이다.

생각하는 힘 키우기 3
: 핵심 파악하기

○
,

　학창시절 국어 시간에 '주제 찾기'를 많이 해봤을 것이다. 글이 말하고자 하는 핵심을 한 줄로 요약하는 것은 무척 힘든 일이다.

　내용은 아는데 내용이 담고 있는 뜻을 모르고, 전체를 읽었는데 전체를 관통하는 뼈대를 이해하지 못하면 핵심 주제 찾기는 어려울 수밖에 없다. 이럴 때 흔히 하는 자기비관이 '난 머리가 나쁜가 봐. 이해력도 떨어지고…' 이다. 멀쩡한 머리 탓을 하기 이전에 평소 생각하는 태도를 돌아봐야 한다.

또 다른 경우로, 스피치 수업을 할 때 자유주제를 주고 발표할 준비를 하라고 하면 제일 어려워하는 지점이 있다. 경험이 있는 사람들은 이미 짐작했을 것이다. 바로 발표주제 정하는 것이다. 무슨 주제로 할까 고민하다가 준비 시간을 다 허비하는 경우가 많다. 차라리 주제를 정해달라고 요청하기도 한다.

"현상은 복잡하고 본질은 단순하다"라고 아리스토텔레스는 말했다. 얼마나 멋진 말인가. 명쾌하고도 선언적인 이 말이 참 매력적으로 다가온다. 하지만 거기까지다. 본질은 단순하지만 단순한 본질을 찾는 과정은 결코 단순하지 않다. 수많은 복잡한 현상의 문들을 파헤치고 통과해서 모든 현상을 아우를 수 있는 결정적인 핵심을 발견하는 작업은 결코 단순하지도 간단하지도 않다. 한 가지 의문에 대해 꼬리에 꼬리를 물고 '왜' 라는 질문을 던져서 더 이상의 왜라는 질문이 존재하지 않는 지점에 이르러서야 비로소 본질에 닿을 수 있을 것이다. 그때서야 복잡한 현상은 단순하게 보이게 된다.

아득하게 느껴지고 나의 능력으로는 할 수 있는 영역이 아니구나 라는 생각도 든다. 하지만 미리 기죽을 필요는 없다. 우

리가 만인의 스승으로 추앙받는 현자나 노벨상 수상자가 되고
자 하는 것이 아니지 않는가. 생활 속에서, 내가 직면한 문제들
속에서 이런 현상이 일어나는 원인과 이유를 찾아보려는 노력
을 하는 것이다. 기분 나쁜 일이 있으면 욱해서 화내고 돌아서
버리기 보다는 무엇 때문에 이런 일이 일어났는지 원인을 찾아
보고, 이런 상황에서 느끼는 내 감정은 어떤 것인지, 또 왜 이런
감정이 드는지, 그리고 왜 화로 분출하는지 그 이유에 대해서
살펴보는 노력을 하는 것이다.

　여기에서 원인을 찾는 것은 비교적 쉬운 일이지만 이유를 찾
는 것은 그리 만만하지가 않다. 왜냐하면 원인은 객관적 사실
에 기반해서 찾을 수 있지만 이유는 복잡한 내면의 주관적 해
석을 통해 찾아야 하기 때문이다.

　예를 들어 친구가 불의의 사고를 당해 세상을 떠났다고 해보
자. 그래서 나는 지금 울고 있다. 눈물을 흘리는 원인은 친구가
불의의 사고로 세상을 떠났기 때문이다. 친구가 세상을 떠났는
데 나는 왜 울고 있는가? 친구가 죽었기 때문에 우는 거라고 되
풀이해서 얘기하겠지만 그것은 눈물을 흘리는 객관적 사실에
해당하는 원인이지 눈물을 흘리는 내적 이유는 될 수 없다. 여

러 명의 친구들이 모두 울고 있다면 친구의 죽음으로 인해 우는 원인은 모두 같겠지만 저마다의 우는 이유는 다 다를 것이다. 내가 알고 있는 친구의 모습과 친구의 인생을 더듬어보고 나와 함께했던 좋았던 추억과 안 좋았던 일들, 하려고 계획만 했다가 하지 못한 일들 등을 생각해 나가다 보면 깊숙이 간직해 있던 친구에 대한 나의 감정과 생각을 알게 되고 떠난 친구의 빈자리에 남아 있는 나의 마음을 알게 된다. 이것이 내가 지금 울고 있는 이유가 될 것이다.

이유를 알게 되면 나에게 그 친구는 어떤 친구였는지를 이해하게 된다. 너무 슬픈 상상을 한 건가. 이와 같이 나의 일상의 문제들을 관찰하고 시각화해서 들어가면 깊은 곳에 또아리를 틀고 숨어 있는 본질을 찾게 된다.

수많은 일상 속에서 일어나는 문제의 본질을 알게 된다면 그만큼 나에 대해서 이해하는 폭이 넓어져 나의 생각과 행동은 단단한 뿌리를 가질 수 있게 된다.

위에서 언급한 대로 짧은 글을 읽든 한 권의 책을 읽든 잡지나 신문기사를 접하더라도 다 읽고 난 후에는 한두 줄 정도로 내 생각을 요약해보는 습관을 가져보는 것이다. 맞고 틀리고,

잘하고 못하고를 떠나 스스로 생각하고 스스로 결정체를 만드는 노력 속에서 나의 생각하는 힘은 키워질 것이다.

첫술에 배부를 수는 없는 법이다. 속담에서 도움을 얻는 것도 좋은 방법이다. 속담은 인생사의 지혜를 함축해놓은 보고이다. 단순히 속담을 인용하라는 말이 아니다. 좋아하는 속담을 앞에 놓고 역으로 해보는 것이다. 속담이 담고 있는 다양한 상황들을 최대한 많이 펼쳐서 생각을 해본다. 많이 끌어내면 낼수록 좋을 것이다. 속담을 충족할 수 있는 생활 속 예시를 찾다 보면 어느새 각각의 상황들이 가지고 있는 공통점을 알아차리게 되고 비로소 속담의 의미를 다시 이해하게 된다. 그런 다음 나름대로 그에 맞는 나만의 속담을 만들어보는 것이다.

관찰한 다양한 내용을 시각화해서 재구성하고 하나로 아우를 수 있는 핵심을 찾아내서 글로 정리하는 훈련은 생각의 힘을 키우는 강력한 정공법이다.

생각하는 힘 키우기 4
: 패턴 찾기

,

  1년의 전체 모습을 파악하려면 어떻게 하면 좋을까?

  우선, 월로 기준해서 12달의 패턴으로 나눌 수 있다. 주 단위로 52주로 파악할 수도 있고 일을 기준해서 365일로 나눌 수도 있다. 계절 단위로 사계절로 구분할 수도 있으며 옛날에는 절기로 나누어 이해했다. 사건, 사고나 상황을 알릴 때도 육하원칙에 의해서 정리를 하면 군더더기 없이 일목요연하게 전달할 수 있다. 이렇듯 그 자체를 이루는 뼈대, 즉 패턴을 찾아내게 되면 복잡해 보이는 현상을 이해하는데 효과적이다. 보험설계를 하는 사람이 생애주기를 기반으로 인생 재무 설계에 대해 설명해준 적이 있는데 한눈에 펼쳐지는 노년까지의 삶과 현재 준비 상태에 대한 이해가 어찌나 쉽게 되던지 감탄했던 적이 있다.

'혼돈속의 질서'라고 했던가. 언뜻 보기에는 제각각 모두 다른 상황들이고 예상치 못한 일이 생겨 어려움에 처하기도 하고, 상대하는 사람들마다 개성들이 달라 그 속에서 치이고 넘어지고 하다 보면 세상살이가 참 힘들고 어렵다고 느껴질 때가 많다. 이런가 싶으면 저렇고 저런가 싶으면 이러해서 도무지 갈피를 잡지 못하고 이해하기도 어렵다. 매일이 가시밭길 같고 사람들을 만나고 어울리는 것에 피로감을 느끼게 된다.

세상이 1년 단위로 순환되고 그 속에 반복되는 절기가 있으며 그에 따라 기후와 땅이 어떻게 변화하는지를 몰랐을 때의 인류가 겪었을 공포에는 비견할 수 없겠지만 여전히 예측할 수 없는 내일의 일이나, 일어난 일들의 원인들을 제대로 이해하지 못하고 있을 때 느끼는 불안감은 크게 다르지 않다고 생각한다. 모든 것을 다 알 수는 없겠지만 그래도 빈번하게 나를 괴롭히는 상황들에 대해서 반복되는 패턴을 찾아낸다면 미연에 방지하고 대처할 수 있는 힘을 가질 수 있지 않을까?

이미 그렇게 해본 경험들이 다 있다. 가장 대표적인 것이 학창시절 활용했던 오답 노트다. 오답 노트의 가장 큰 잇점은 흔히 내가 저지르는 실수의 지점을 이야기 해준다는 것이다. 그로 인해 평소 나의 잘못된 습관을 이해하는데 도움을 주어 개선해 나갈 수 있게 한다.

아이들과 평소에는 별 마찰 없이 잘 지내는데 유독 부딪치는 상황이 있다. 바로 아침에 아이들을 깨울 때다. 분명 깨워달라고 부탁도 했고 깨우는 시간에 일어나지 않으면 학교에 지각할 것이 뻔한데 깨우면 짜증을 내는 것이다. 그 모습에 화가 나서 큰소리를 내다 보면 한순간에 분위기는 험악해지고 서로가 속상해하는 상황이 반복된다. 누구를 위해 깨우는 건데 싶어 지각하든 말든 그냥 내버려둘까 싶다가도 그러면 아이의 학교생활이 힘들어질까 걱정되어 어쩔 수 없이 아침마다 한바탕 전쟁을 치른다. 아이들 있는 집의 흔한 아침 풍경이다.

어떻게 하면 '슬기로운 가정생활'이 될 수 있을까?

우선, 아이들과 갈등이 일어나는 반복된 패턴 상황을 알아차렸다는 데서 긍정적이다. 깨울 때 아이의 반응이 짜증부터 낸다는 것을 알았다. 아이의 반응에 내가 순간 화가 난다는 것을 알았다. 화가 나면 나도 모르게 큰소리를 친다는 것도 알았다. 학교에 보내고 나면 기분 좋게 보내지 못한 게 마음에 남아 후회도 되고 왜 알아서 일어나지 못할까 싶어 야속하기도 하고 언제까지 이런 상황을 반복해야 하나 답답하다는 것도 알았다.

이제, 패턴을 바꾸어보자. 첫 번째 달디단 꿀잠을 자고 있을 때 누군가가 억지로 깨운다면 짜증이 나는 것이 정상일까 아닐까? 두 번째 아이가 잠에 취해 짜증을 내는 것뿐인데 왜 나는 그 모습에 화가 나는 것일까? 혹시 나에게 짜증을 내고 있다고 받아들이는 것은 아닌가? 세 번째 나는 아이를 왜 깨우는가? 네 번째 기분 상한 모습으로 집을 나서는 아이의 모습에 왜 마음이 아프고 후회를 하는가?

이렇게 패턴 분석을 해보면 이전의 전쟁 상황이 다르게 이해된다. 그렇다면 미리 예상을 하고 내일도 깨우면 분명 짜증을 낼 텐데 나는 어떻게 반응을 할까를 생각해보고 미리 연습하는 게 가능해진다. 그리고 개선시키고 싶은 내용은 언제 어떤 모습으로 얘기하는 것이 좋을까를 생각해볼 수 있다.

그렇게 된다면 차츰 아침의 전쟁 상황이 어떻게 달라질지 추측해볼 수 있게 된다.

　예를 들어 짜증을 낼 때 같이 맞부딪쳐 화를 내기 보다는 짜증을 내는 것이 당연하고 잠에 취해 짜증을 내는 것이지 나에게 짜증을 내는 것이 아니라는 사실을 알기에 그대로 인정해줄 수 있을 것이다. 화난 목소리로 "네가 깨워달라고 했잖아. 이러다 지각하면 어떻게 할래? 아침에 일어나는 것도 스스로 못하면서 무슨 일을 똑바로 할 수 있겠어?"라고 하기 보다는 애처롭게 여기면서 다정한 목소리로 "에구 자는데 깨우니까 또 짜증이 나는구나. 어떻게 하지? 어제 늦게까지 있다가 잤나 보네. 지금 일어나지 않으면 학교에 늦을 텐데 걱정이네. 5분만 더 있다가 깨울까?"이렇게 되지 않을까?

　그리고 그날 밤 아이가 또 내일 아침에 깨워달라고 부탁을 하면 "아침마다 너 깨우는 거 너무 힘들어. 깨울 때마다 짜증을 내니까 어떻게 해야 할지 난감해"라고 넌지시 고충을 얘기한다면 어떻게 될까?
　물론 내일 당장 아침 풍경이 확 달라지진 않겠지만 차츰 달라질 것이다. 왜냐하면 깨우는 부모도, 짜증내는 아이도 이미 다르게 느끼고 알게 되었으니 말이다.

  복잡한 현상들의 본질을 파악하고 뼈대를 찾는 훈련은 문제를 인식하고 해결할 수 있는 지혜로운 생각을 갖게 한다. 충동적이고 떠오르는 대로 행동하고 말해서 문제투성이로 만드는 것이 아니라, 깊은 이해를 통해 통찰을 하게 하여 근본적으로 문제를 해결할 수 있게 한다. 그 중심에는 다시 생각하기를 통한 생각하는 힘이 있기 때문이다.

생각하는 힘 키우기 5
: 다른 이름 붙여보기

○

'

    무엇인가를 이해하기 위해 내가 즐겨 사용하는 방법이 바로 '다른 이름 붙여보기'이다. 수업을 할 때도 자주 과제로 내주곤 한다.

    가령 예를 들어 '나를 한 단어로 표현한다면' 이라는 주제를 제시한다. 소크라테스 이후 우리 자신에게 던져진 가장 본질적 이면서도 난해한 명제가 '나는 누구인가' 이다. 내가 나 자신으로 살아가고 있지만 정작 나에 대해서 잘 알고 있는 사람은 드물다. 진정한 나를 알고 찾고 싶지만 말처럼 쉽지가 않다. 어디에서 어떻게 찾아야 할지 막막하다. 이럴 때 실마리를 찾는 방법으로 나 자신을 다른 무엇으로 비유할 수 있을까를 생각해서 찾아보고 나만의 이름을 다시 붙여보는 것이다. 그런 다음 새로 붙인 이름의 의미를 나름대로 다시 해석해서 정의를 내려보는 것이다. 그러면 서로 유사한 특징들이 연결되면서 전체의 윤곽이 잡히고 나만의 해석과정을 통해 새로운 이해가 탄생하게 된다.

나는 나를 한 단어로 표현한다면 '바람'이라고 할 수 있다. 바람은 자유로운 영혼이다. '그물에 걸리지 않는 바람과 같이' 라고 법정 스님도 말했듯이 어디에도 구애받지 않고 간다. 그러면서 씨앗을 새로운 터전으로 실어나르기도 하고 뿌리가 튼튼히 내릴 수 있도록 자극을 주기도 한다. 땀을 식혀 상큼한 휴식을 주기도 하고 기분을 상쾌하게도 한다. 때론 광풍이 되어 험한 모습을 보여주기도 하다가 사방 벽으로 가둬버리면 흔적 없이 사라지기도 한다.

이와 같이 나도 자유롭게 나의 꿈을 펼쳐 나를 만나는 사람들에게 조금이나마 좋은 영향을 주고 싶은 사람이 되고자 노력한다. 삶에 지치거나 길을 잃고 방황할 때 인생길을 제시하지는 못하지만 나와 함께 얘기하는 동안 지난날을 돌아보고 다시 시작하고자 하는 마음을 가지기를 희망하고 또 그렇게 하고 있다고 생각한다.

틀에 박힌 관념에 매이는 것을 싫어하고 어떤 것을 강요받거나 나를 구속하는 것도 싫어한다. 그것이 과할 경우 이성을 잃고 폭발하는 단점도 가지고 있다. 그래서 나를 한 단어로 표현한다면 '바람'이라고 할 수 있다.

이렇게 유사성을 생각하며 다른 무엇이 될 수 있을까에 대한 생각을 펼쳐나가다 보면, 조금씩 나 자신에게 다가가는 느낌이 들면서 진정한 나 자신과 만나게 된다. 이렇게 찾은 실마리를 잡고 좀 더 깊은 내면의 나를 찾아들어가고, 삶의 외연으로 확장해나가는 여정을 이어간다면 '나는 누구인가'에 답하는 삶의 모습이 되지 않을까 싶다.

세상에 통용되는 사전적 의미를 아는 것도 중요하지만 사전적 의미에 대한 자신의 이해된 통찰의 정의를 찾으려는 노력이 더 중요하다. 왜냐하면 그것이 나의 생각이 되기 때문이다.

'사랑'이라는 것에 대해 생각해보자. 누구나 사랑하고 사랑받으며 사랑하는 사람들과 함께 살아가고 싶다. 하지만 현실은 어떠한가? 사랑이 충만하여 행복에 겨운 순간도 있지만 사랑 때문에 괴롭고 슬프고 고통스러울 때도 많다. 그래서인지 유독 사랑에 대한 노래와 시와 소설 등 작품들이 많다.

"여러분들은 사랑이 무엇이라고 생각하는가?" 라는 질문을 받으면 어떻게 대답하겠는가? 분명히 잘 알고 있는 말이고 늘 사용하는 단어인데 막상 사랑은 무엇이다 라고 말하려 하니 적절한 표현을 찾기가 어렵지 않은가? 늘 사랑 사랑 노래를 부르지만 정작 사랑에 대해 깊이 있게 생각하고 자기만의 결론을 이끌어내지 못했기 때문이지 않을까?

이 질문에 대답하기 위해서는 먼저 "나는 어떠할 때 사랑 받고 있다고 느끼는가?" 라는 질문으로 바꾸어 생각해보면 어떨까? 그래야만 사랑 그 자체에 실제적으로 가닿을 수 있을 것 같다. 나의 경우는 그 사람 앞에서 나의 존재가 온전히 느껴질 때이다. 나의 상태나 상황 또는 모습이 어떠할지라도 쉽사리 판단하지 않고 그대로 봐주면서 이해하려고 하고 믿어주는 모습을 볼 때 저 사람은 정말 나를 진정한 마음으로 대하는구나 라는 것을 느낀다. 나의 모습이 상대방 마음에 들 수도 있고 안 들 수도 있다. 상대방이 기대하는 모습일 수도 있고 아닐 수도 있다. 그로 인해 기분이 좋을 수도 있고 나쁠 수도 있을 것이며, 자랑스러워할 수도 있고, 실망이 커서 속상할 수도 있다. 하지만 그런 나에 대한 자신의 기대나 기준과는 상관없이 오로지 나 자체만을 생각하는 애틋함과 위하는 마음을 느낄 때 나는 어떠한 자만도 자괴도 없이, 우쭐해하거나 더 잘 보여야지 하는 마음 없이, 나를 방어하거나 상대를 공격하려는 마음이 없이 있는 그대로의 나 자신으로 존재함을 느낀다. 이것이 사랑이지 않을까.

그럼, 나는 다른 사람을 사랑할 때 진정으로 그 사람 자체가 될 수 있도록 하고, 그 자체로 빛이 나는 사람이 되도록 하고 있는가? 자문을 해본다. 긴 한숨이 나오면서 유독 나라는 사람이 작게 느껴진다. '사랑'이라는 말이 그 전과는 전혀 다른 의미와 크기로 다가오고 사랑하는 마음과 자세에 대한 나의 성찰이 깊어진다. 평생을 노력하며 사랑해야겠지만 이미 스스로 사랑에 대한 이해와 뜻을 조금은 깨달았기에 이전과는 분명히 달라질 것이다. 왜냐하면 사랑이란 상대방 본연의 모습으로 날개를 달고 훨훨 날갯짓할 수 있게 이해하고 믿어주며 함께하는 마음임을 이제는 알았기 때문이다. 나에게 있어서 '사랑'의 다른 이름은 '알아주는 것'이다.

이미 잘 알고 있다고 생각하지만 정작 이름이나 말만 알 뿐 그 자체에 대해 자신의 이해된 생각이 만들어져 있지 않은 경우가 많다. 그래서 표현하기 어렵고 행동하기는 더더욱 어렵다. 이해하기는 생각을 만드는 과정이다. 좋은 생각은 좋은 말이 되고 좋은 인생이 된다.

다른 이름을 붙인다면 무엇이라고 할 수 있을까? 이것은 무엇이 될 수 있을까? 나름대로의 정의를 내려본다면 나는 어떻게 말할까? 유사성을 찾아 유추해 나가는 과정은 또 다른 이해의 문을 열고 더 크고 깊은 생각을 하게 만드는 디딤돌이 될 것이다.

6장

말하기
실전

"리사사의 한걸음 한걸음이
건강한 개인, 건강한 사회를 향해 나아가는데 이바지하겠습니다.
내면의 아름다움을 중히 여기는 리사사 회원 여러분!
사랑합니다. 존경합니다. 감사합니다."

의견 말하기

,

    지금까지 생각을 잘하는 법에 대해서 알아보았다. 이제부터 실전에서 다양하게 표현하는 방법에 대해 알아보도록 하겠다.

    먼저, 의견 말하기.

    생활 속에서 내 의견을 표현해야 하는 경우가 많다. 가정에서 가족회의나 상의를 할 때, 조직, 회사에서 회의나 의논, 토론을 할 때, 대입면접 및 취업면접을 볼 때 "각자의 의견을 말해보세요"라는 요구를 받게 된다. 이런 상황에서 어떻게 내 생각을 정리해서 표현하는 것이 좋을까?

의견 말하기는 내 소신이 무엇인지를 명료하게 상대방에게 전달하는 말하기이다. 군더더기 없이 또렷하고 분명하게 표현해야 한다. 또한 상대방이 듣고 싶어 하는 내용부터 먼저 말하는 것이 좋다.

　예를 들어 단체에서 야유회를 가려고 한다. 회원들에게 어디로 갔으면 좋을지 의견을 묻는다. 회원 중 한 사람이 손을 들고 의견을 말하려고 한다. 여러분은 무슨 말부터 듣고 싶은가? 어디로 갔으면 좋겠는지에 대한 의견이므로 당연히 어디로 갔으면 좋겠다는 장소에 대한 말을 가장 먼저 듣고 싶을 것이다. 그때 마침 그 회원이 이렇게 말한다.

　"저는 야유회를 남산으로 갔으면 좋겠습니다."

　의견을 들은 회원들은 '아 저 사람은 야유회를 남산으로 갔으면 하는구나'라고 똑똑히 기억을 하게 된다. 그러면서 '왜 남산으로 갔으면 하는 거지'라는 궁금함이 생긴다. 그러는 순간 다음 말이 이어진다.

　"왜냐하면 거리도 가깝고 산행코스도 완만하여 산을 잘 타지 못하는 사람들에게도 크게 무리가 되지 않기 때문입니다. 무엇보다도 남산 주변에는 분위기 좋고 맛있는 식당이 많아서 산행

후 막걸리와 파전으로 목을 축이며 즐거운 시간을 보낸다면 회원 단합에도 도움이 될 것입니다."

　의견을 듣고 있는 회원들은 집중이 되면서 각자 머릿속으로 야유회의 상황을 그려보게 된다. 남산으로 가면 좋겠구나 라는 생각을 하면서 말이다.

　"그래서 산행과 단합을 함께 즐길 수 있는 남산으로 갔으면 좋겠습니다."

　라고 말하면서 끝을 맺는다. 회원들은 머릿속에 새겨지듯이 분명하게 그 사람의 의견을 듣게 된다. 채택되고 안 되고는 중요하지 않다. 얼마만큼 내 소신이 회원들에게 잘 전달되었느냐가 중요한데 그 목적을 달성했기 때문이다. 덤으로 군더더기 없는 말하기를 통해 선명한 이미지를 심어주었을 것이다. 이렇게 결론부터 말하는 두괄식으로 표현하면 전달력 높은 의견 말하기를 할 수 있다.

　하지만 실제에서는 여담이나 사설을 너무 길게 늘어놓아 지금 의논하고자 하는 주제와는 상관없는 이야기만 하다가 마지막에 자신의 생각을 말하는 사람들이 종종 있다. 듣는 사람도 피곤하고 쓸데없는 시간과 에너지를 낭비하게 된다.

"야유회를 간다니 참 좋은 생각을 한 것 같습니다. 저도 단체 활동을 많이 해본 사람으로서 야유회를 다녀오면 회원 간에 정도 많이 들고 재미도 있기 때문에 분위기도 좋아지는 경우를 많이 봤습니다. 작년에 제가 가입한 다른 단체에서 야유회를 갔었는데 그때는 어디를 가서 무엇을 했는데…. (중략) 또 다른 단체에서는 어떤 곳을 갔었는데 그때는 어쨌고 저쨌고…."

이쯤 되면 그 사람의 말을 듣고 있는 사람은 거의 없을 뿐더러 짜증이 나기 시작하면서 '저 사람 도대체 뭐야' 라는 반감까지 생기게 된다. 이런 말하기가 여러 번 반복이 되면 그 사람의 이미지는 쓸데없는 말만 많이 하는 사람으로 남게 되고 존재감은 약해질 수밖에 없을 것이다.

의견을 말할 때는

1. 중심생각(무엇이다)

2. 이유(왜 무엇이다)

3. 의견 정리(그래서 그렇다)

로 명료하게 표현하는 것이 좋다.

이해시키는 말하기

,

　살아가면서 무엇인가를 이해하고 이해시키는 일은 매우 중요하다. 말하기에 있어서도 마찬가지다.

　이해는 삶과 세상으로 이어지는 가장 중요한 소통의 다리다. 이해하고 이해시키는 능력이 부족하면 배우는 것도, 배운 것을 활용하고 응용하는 것도, 관계를 형성하고 유지하고 발전시키는 것도, 새로운 것의 발견이나 시도도, 구상이나 계획 그리고 성과도, 함께 어울려 살아가는 것 등 모든 것이 힘들어지게 될 것이다.

　그럼, 이해하고 이해시키기 위해서는 어떻게 해야 할까?

예를 들어 내가 가장 존경하는 인물에 대해 이야기해야 하는 상황이라고 가정을 해보자.

먼저 '무엇인가'에 대해 생각해 보고 말을 한다.

"제가 가장 존경하는 인물은 이순신 장군입니다."

그 다음은 '왜 무엇인가'에 대해 생각한 것을 말한다.

"왜냐하면 이순신 장군은 인간으로서는 감히 흉내도 낼 수 없는 인내와 인품으로 자신의 존재의 이유를 몸소 실현하신 분으로 저에게 엄청난 영향을 주셨기 때문입니다."

이유를 말했다면 과연 그러한가에 대한 설명을 예를 들어서 한다.

"이순신은 장군이 되어 나라와 백성을 지키는 것이 꿈이자 존재 이유였습니다. 임진왜란으로 바람 앞에 등불 신세가 된 나라와 도탄에 빠진 백성을 구한 영웅이었음에도 불구하고 누명을 쓰고 졸지에 죄인이 되어 백의종군하는 신세로 전락하게 됩니다. 이때 늙으신 노모는 아들의 모습을 한 번만이라도 보기 위해 병든 몸을 이끌고 험한 뱃길을 건너오다가 돌아가시게 됩니다. 오로지 나라와 백성을 위해 목숨 바쳐 싸운 장군에게 돌아온 현실은 참담함을 넘어 천추의 한을 남기게 됩니다. 어찌 견딜 수 있었을까요? 게다가 죄인의 몸으로 장례조차 제대로 치르지 못하고 전장으로 가야만 했습니다. 이즈음에 조선의 수군은 칠천량에서 대패를 하여 한 치 앞도 내다볼 수 없는 위험에 처하게 됩니다. 다시 통제사가 되어 나라를 구하라는 명을 받았을 때 장군의 심정은 어떠했을까요? 저라면 죽으면 죽었지 결코 따르지 않았을 뿐만 아니라 욕을 해댔을 것입니다. 하지만 장군은 달랐습니다. 의연히 명을 받들어 즉시 흩어진 수군을 수습하여 명량에서 전무후무한 승리를 거두어 나라와 백성을 구해냅니다. 이런 인간을 넘어선 신의 경지의 큰 뜻을 펼쳐보일 수 있었던 것은 사사로운 감정 보다는 오로지 장군의 존재 이유를 생각하고 그것을 다하고자 하는 마음이 없었다면 결코 가능하지 않았으리라 생각합니다."

　예를 들어 이유에 대해 설명을 하고 난 후 '그럼 어떻게 할 것인가'에 대한 내 생각을 밝힌다.

　"이순신 장군을 본받아 저도 단지 일을 하고, 성과를 내고, 돈을 벌고, 가족을 돌보고 내가 하고 싶은 활동들을 하는 것도 중요하겠지만, 그 전에 내가 하고 있는 일의 의미는 무엇인가, 이 일을 필요로 하는 사람들이 원하는 것은 무엇인가, 내 존재의 의미와 삶의 의미는 무엇인가를 생각하고 그것의 의미를 실현하기 위해 노력하고자 합니다.”

마지막으로 '그러면 어떻게 될 것인가'에 대해 말한다.

"그러면 나와 함께하는 사람들에게 조금이나마 좋은 영향을 주는 사람이 될 것이며 나 자신에게 떳떳하고 당당한 내가 될 수 있을 것입니다. 내 삶이 다하는 마지막 순간에 스스로에게 '수고했다'라는 말과 함께 '그나마 잘 살았어'라고 할 수 있는 삶이 되리라 생각합니다. 그래서 저는 이순신 장군을 가장 존경합니다.”

이렇게 하면 주제에 대해 내가 이해하고 있는 생각을 다른 사람에게 표현하여 이해시킬 수 있을 것이다.

이해하고 이해시키는 말을 하려면
1. 무엇인가
2. 왜 무엇인가
3. 과연 그러한가
4. 그럼 어떻게 할 것인가

5. 그러면 어떻게 될 것인가

순으로 생각하고 표현하면 좋다.

이러한 이해시키는 말하기는 강의 준비나 프레젠테이션을 준비할 때, 업무를 가르치거나 위임할 때, 상황이나 제품을 설명할 때, 회의 안건에 대해 제안 설명할 때, 업무 계획 및 결과를 보고할 때 등 뿐만 아니라 자기소개서를 작성할 때, 리포트를 쓸 때, 책이나 영화 감상평을 쓸 때 등 일상생활에서 다양하게 활용할 수 있다.

설득하는 말하기 ⎯⎯⎯⎯⎯⎯⎯⎯⎯⎯

○
,

여러분은 상대방을 설득해야 할 경우 어떻게 하는가? 나름의 방법이 있을 것이다. 하지만 생각만큼 만만하지가 않다. 설득할 수 있는 힘이 약하면 그만큼 내가 원하는 방향으로 내 삶을 이끌어 나가는 것이 어려워진다.

더불어 함께하며 더 나은 방향으로 가기 위해서는 서로 다른 생각과 가치관, 능력을 가진 사람들이 공동의 목적을 위해 힘을 합치고 머리를 맞대고 대안을 찾고 성과를 내는데 집중해야만 가능하다. 시너지를 창출하기 위해서는 다양성의 에너지를 효과적으로 모을 수 있는 힘이 중요한데 그 힘이 바로 설득력이라고 생각한다.

하지만 참 어렵다. 각자의 경험을 통해 원인을 찾아보자. 나는 스스로 생각해서 스스로 행동하기를 원하는가 아니면 남이 시켜서 하게 되기를 원하는가? 대부분 전자일 것이다.

자율성과 주도성은 인간의 본성이라고 생각한다. 하던 일을 막 끝내고 공부나 집안일을 하려고 생각하고 있는데 누군가가 "공부해"라고 하거나 "설거지 좀 해"라고 하면 기분이 어떤가? 사무실 바닥에 휴지가 떨어져 있어서 주우러 가고 있는데 상사가 "휴지 좀 주워"라고 하면 어떤가? 하고 싶은 마음이 확 사라지면서 반감이 들지 않는가? 이처럼 설득 상황도 좋은 말이나 일인 줄은 아는데 누군가가 나에게 권유하거나 강요하거나 요구하는 상황으로 받아들여져 스스로 무엇인가를 하는 것이 아니라 시켜서 하게 되는 상황이 되기 때문에 방어적이게 되어 잘 움직이지 않는 것은 아닐까?

그렇다면, 설득은 본성을 거스르는 행위이기에 영원히 요원한 일인 것인가? 힘의 논리로 찍어 누르거나 아는 처지를 이용

해서 울며 겨자 먹기로 가야 하는가? 인간의 본성이 그러하면 본성대로 하면 되지 않을까? 상대방이 원해서 스스로 생각하고 선택할 수 있게 하면 되지 않을까? 내가 원하는 것을 중심으로 말하기 보다는 상대방이나 우리 모두가 원하는 상황을 중심으로 생각하고 말을 하는 것이다.

설득을 해야 하는 상황은 해결해야 할 문제가 있는 상황이다. 아무런 문제가 없는데 굳이 설득을 해야 할 필요는 없을 테니 말이다. 나에게 문제가 없다면 그냥 하던 대로 하겠지만 일단 어떤 문제가 있다고 인식이 되면 능동적으로 그 문제를 해결하고자 하는 마음이 생기고 행동하려고 한다.

그렇다면 상대방 또는 우리에게 어떤 문제가 있는지를 제시한다면 설득할 가능성이 높아질 것이다.

우리는 어떨 때 문제가 있다고 느끼는가? 원하는 상황과 현재의 상황이 다를 때, 즉 현재의 상황이 원하는 상황이 되지 못할 때 우리는 문제가 있다고 느낀다. 문제를 해결하기 위해서는 먼저 해결해야 할 문제가 무엇인지를 분명하게 아는 것이 중요하기에 문제제기부터 먼저 하면 된다. 결국 상대방 또는 우리 모두가 무엇을 원하는지를 파악하고 현재의 불충분하거나 되고 있지 않은 것을 중심으로 설득을 시작하여 해결 방법에 대해 이해시키는 방향으로 전개한다면 논리적으로 상대방을 설득할 수 있을 것이다.

예를 한번 들어서 정리해보면 이렇다.

"남의 말을 좋게 하자"라는 설득을 한다고 가정해보자.

먼저 상대방 또는 우리 모두가 원하는 바를 말한다.

"상대방에게 직접 칭찬을 듣게 되면 빈말이라도 괜히 기분이 좋아집니다. 하물며 제삼자를 통해 '너 참 괜찮은 사람이라고 하더라' 라는 얘기를 듣게 되면 훨씬 더 기분이 좋아지고, 그렇게 얘기해준 사람이 고맙고, 좋은 사람으로 가슴에 새겨집니다. 반면에 험담일 경우는 반대의 상황이 됩니다."

그런 다음 그렇지 못한 현재의 상황을 말한다.

"하지만 살아가면서 남에게 좋은 말을 하게 되는 경우도 많지만 뒷담화를 하는 경우도 참 많습니다. 소위 안주거리로는 이만한 것이 없습니다. 끼리끼리 모여 누구 한 사람을 올려놓고 마구잡이로 씹어대면 그 순간은 묵은 체증이 내려가듯 시원함을 느낍니다. 하지만 뒷맛은 쓸쓸합니다. 나 자신이 초라하고 못나 보입니다. 그러다 당사자로부터 '너 나 없는 자리에서 그런 얘기 했다며. 그렇게 안 봤는데 참 몹쓸 사람이네' 라는 추궁이라도 듣게 되면 수치스러워 쥐구멍에라도 찾아 들어가고 싶어집니다."

이렇게 문제를 제기했다면 핵심 주장을 말한다.

"말은 칼보다 더 무서운 흉기가 될 수 있고, 칼보다 더 훌륭한 요리 도구가 될 수 있습니다. 흉기가 되었을 경우에는 남만 해치는 것이 아니라 결국 나를 해치게 됩니다."

이제 이런 주장을 하게 된 이유를 근거와 함께 말한다.

"우리의 뇌는 주어 개념이 없다고 합니다. 그렇기 때문에 험담을 할 경우 상대방에게만 작용하는 것이 아니라 나 자신에게도 똑같은 영향을 주게 됩니다. 이럴 경우 우리 뇌 중에서 감정과 정서를 관장하는 변연계가 자극을 받아 부풀어 오르게 된다고 합니다. 자주, 심하게 자극을 받게 되면 변연계가 손상을 입게 되고 그로 인한 후유증으로 감정조절능력과 기억능력에 장애가 생기게 됩니다. 자기감정을 잘 다스리지 못하면 삶이 힘들어집니다. 여기에서 한 가지 더 살펴볼 부분이 있습니다. 바로 청자에 관해서입니다. 내가 하는 말은 상대방이 듣기도 하지만 말을 하고 있는 나 자신도 듣습니다. 내 말을 듣는 상대방은 타청자가 되고 나 자신은 화자이면서 자청자가 됩니다. 그럼 내가 하는 말을 가장 생생하게 적나라하게 듣는 사람은 상대방일까요, 아니면 나 자신일까요? 무서운 이야기를 할 때 가장 무서운 사람은 무서운 이야기를 하는 사람이잖아요. 이와 같은 연유로 욕설이나 비난, 험담을 할 때도 마찬가지입니다. 말을 듣는 사람 보다는 하는 사람이 훨씬 더 잘 듣게 되고 그 효과는 치명적입니다. 관계가 틀어지고 몹쓸 사람이 되어 마음고생하는 것은 덤입니다. 누구를 위한 험담일까요? 그렇다면, 좋은 말일 경우에 최고의 수혜자는 누구일까요?"

그 다음은 구체적으로 어떻게 하면 될까를 말한다.

"우리 모두는 내 삶의 주인으로서 당당하게 살아가고 싶어 합니다. 그러기 위해서는 나의 감정을 스스로 선택할 수 있는 힘을 가져야 합니다. 감정은 본능에 의해 무의식적이고 충동적으로 일어나기 때문에 어떻게 할 수 없다고 생각합니다. 그래서 '나도 어쩔 수 없었어. 내가 왜 그런 말을 했는지 모르겠어' 라면서 자책하는 경우가 많습니다. 하지만 우리의 감정은 스스로 선택할 수 있다고 심리학자 알프레드 아들러는 말합니다. 생각을 어떻게 갖느냐에 따라 감정의 상태는 달라집니다. '어떻게 나한테 그럴 수 있지?' 라고 생각하면 화가 나지만 '무슨 일이 있었던 거지? 그럴 만한 사정이 있을 거야' 라고 생각하면 평상심을 유지하면서 상황을 파악하려 하고 먼저 상대를 이해하고자 합니다. 결국 좋은 생각이 좋은 감정을 갖게 하고 좋은 말을 하게 되고 좋은 관계를 맺게 합니다. 좋은 생각은 건강한 자기애를 가지고 나를 존중하고 가치 있게 생각하는 만큼 상대방 또한 그렇게 여길 때 가능할 것입니다."

이렇게 했을 때 어떻게 될 것인지를 말한다.

"인간은 사회적 동물입니다. 관계 속에서 살아가는 것이죠. 건강한 관계망이 건강한 삶으로 이어집니다. 우리가 하는 말은 나와 연결되어 있는 관계망을 돌아다니다 다시 나에게 되돌아오는 부메랑과 같습니다. 험담하는 말은 관계의 고리를 갉아먹는 부메랑이 되고, 좋은 말은 고리를 더 튼튼하게 맺어주는 부메랑이 됩니다. 또한 부메랑을 만드는 과정에서 나 자신을 두세 번 상하게 할 수도 있고 건강하게 만들 수도 있습니다."

마지막으로, 주장하고자 하는 바를 한 번 더 강조한다.

"남의 말을 좋게 하면 상대방을 건강하게 만드는 동시에 나 자신을 키우는 명약이 되어줍니다. 좋은 말은 나와 너 그리고 사회를 향한 가장 아름다운 기부입니다. 이만한 로또가 또 어디에 있을까요."

이렇게 말한다면 큰 거부감 없이 받아들이면서 이야기하고자 하는 내용에 대해 고민하고 가능하면 그렇게 해야겠구나 라는 생각이 들지 않을까?

상대방을 설득하기 위한 말하기는

1. 상대방 또는 우리 모두가 원하는 바, 본래의 목적은 무엇인가

2. 현재의 상황은 어떠한가

3. 해결방안은 무엇인가

4. 왜 이것이 해결방안이 될 수 있는가

5. 구체적으로 어떻게 해야 하는가

6. 그렇게 하면 어떻게 될 것인가

7. 핵심 주장을 한 번 더 강조하면서 마무리

순으로 표현한다면 좋은 결과로 이어질 가능성이 크다.

대화형태로 이야기를 할 경우에는 한 단계 한 단계 진행시마다 상대방의 의향을 묻고 생각이 다를 경우에는 다시 처음으로 되돌아가서 진정으로 원하는 바가 무엇인지를 제대로 파악하고 공감하면서 진행해야 한다. 다수의 청중을 대상으로 강연 또는 발표를 해야 할 경우에는 사전에 상대방의 욕구와 니즈를 충분히 조사하여 자료를 준비해야 한다. 문제인식이 잘못되면 엉뚱한 해결방안을 내놓거나 문제해결은 고사하고 또 다른 문제를 만드는 계기가 되기 때문이다.

스토리텔링 ——————————

○

,

앞에서 설명한 논리적으로 설득해야 하는 상황이 있는가 하면, 간접화법을 통해 스스로 생각해서 변화할 수 있도록 설득을 해야 하는 상황도 있다. 어떻게 해야 하는지 다 아는데 동기나 의욕, 용기가 부족해서 뜻한 대로 하지 못하고 머뭇거리거나 좌절감에 빠져 있는 경우다. 이럴 경우 주장하듯이 직접적으로 말을 하면 오히려 훅 들어온다는 생각에 거부감이 들어 밀어내게 된다. 생각할 수 있는 소스를 건네고 스스로 판단하게 하는 것이 훨씬 효과적이다.

이러한 상황에서는 동기를 가질 수 있는 이야기 형식의 내용이 좋다. 동기부여 말하기 또는 스토리텔링이라고 불리는 말하기 방법이다. 스토리텔링은 말 그대로 이야기 형식의 말하기다. 전달하고자 하는 메시지를 담고 있는 이야기를 통해 상대방이 감정이입을 해서 스스로 느껴 변화하도록 하는 것이다.

이야기의 힘은 참으로 대단하다. 우리가 소설이나 영화, 드라마에 몰입하게 되는 이유는 무엇일까? 한 편의 영화를 천만 명 이상이 보며 열광하고, 수백만 부의 책이 팔리고, 만사를 제쳐 놓고 좋아하는 드라마에 눈을 고정시키는 것을 어떻게 설명할 수 있을까? 엄청난 시련을 겪었지만 끝내 굴복하지 않고 인간 승리를 이끌어낸 스토리의 주인공을 보며 우리는 왜 감동을 받고 힘을 얻게 되는 것일까?

이야기는 분명 우리가 알지 못하는 엄청난 힘을 가지고 있다. 최근에 뇌 과학은 우리 인간에게는 이야기를 좋아하는 유전인자가 있다는 것을 알아냈다. 본능적으로 이야기를 좋아한다는 것이다.

또 이야기는 이미지를 만드는 힘이 있다. 이미지는 강렬한 인상을 남겨 어지간해서는 잊혀지지 않는다. 첫인상이 얼마나 영향력이 있는지를 생각해보면 어렵지 않게 알 수 있다. 감정이입이 자연스럽게 된다. 이야기 속 주인공이 되어보기도 하고, 이야기 속 상황에 흠뻑 빠져 자기 자신조차 잊어버리게도한다. 현실과 이야기를 구별하지 못해 악역을 연기한 배우에게욕을 하거나 계란을 던지는 사람도 있지 않은가.

　이러한 이야기의 힘을 빌려 상대방에게 강력한 동기를 부여하여 자신의 길을 갈 수 있도록 도와줄 수 있다면 참으로 멋진일일 것이다. 스토리텔링의 목적은 이야기를 통해 메시지를 전달하고 상대방이 감정이입을 통해 스스로 변화할 수 있도록 하는 말하기이다. 즉 메시지가 있는 이야기여야 한다. 그렇지 않으면 수다가 되고 만다.

　수업시간에 스토리텔링을 해보면 처음에 준비를 할 때는 메시지를 중심으로 이야기를 구성했겠지만 한참 이야기를 하다보면 자기도 모르게 이야기하는 것에만 빠져 장황하게 늘어놓다가 의미 없이 마무리하는 분들이 많다. 나는 이 이야기를 무엇 때문에 하는가를 잊지 않는 집중력이 중요하다. 그리고 평소에 자신의 직접 경험이나 간접 경험을 통해 다양한 스토리를만드는 습관이 필요하다.

'할 수 있는 일을 하는 힘'이라는 메시지를 전달하는 스토리 텔링의 예시를 한번 들어보겠다.

　"오래 전에 한 자폐아를 변화시킨 알림장이라는 기사를 보았습니다. 네 살 때 원인을 알 수 없는 병으로 온몸이 뒤틀리며 퇴행성 장애와 자폐를 앓게 된 아이. 가망이 없으니 마음의 준비를 하라는 의사의 말을 듣고 아이를 위해 아무 것도 할 수 없는 현실에 하늘이 무너지는 절망감에 빠진 부모님. 그 날 이후 아이는 어떻게 되었을까요? 결론부터 말하면 아이는 지금 열아홉 살이 되어 사회에 나아갈 준비를 하고 있습니다. 여전히 몸은 마음대로 움직일 수 있는 상태가 아니며 지적능력은 열 살 수준에 머무르고 있지만 자신의 삶을 살아가고자 더디지만 한 발 한 발 내딛고 있습니다.

　무엇이 이런 기적을 만들었을까요? 아이, 엄마 그리고 5학년 때 만난 담임선생님의 할 수 있는 일을 찾아 지속적으로 해나간 힘입니다. 원인조차 알 수 없는 병으로 마음의 준비를 하라는 의사의 말에 희망의 뿌리조차 뽑혀 암흑 속으로 떨어졌을 때 아이의 엄마가 찾은 한 줄기 빛은 원인을 알 수 없는 상태에서 죽음을 말했다면 원인을 알 수 없는 상태에서 살 수도 있지 않을까 라는 생각의 전환이었습니다.

그때 결심한 것이 '하루를 살아도 10년을 산 것처럼 최선을 다하자' '뭔가 하나를 해도 10년을 해보자' '10년간 꾸준히 하면 아이가 해낼 것이다' 였다고 합니다. 그와 함께 몇 가지 원칙을 세웠다고 합니다. '아들에게 장애가 있다고 딸에게 대리보상을 바라지 말자' '딸의 삶과 의견을 존중하자' '장애가 있는 아들이 뭔가 원한다고 재깍 움직이는 리모컨 엄마는 되지 말자' '아이의 자립적 의지를 키워주자'가 그것입니다. 그리고 이 결심과 원칙을 지금까지 지켜왔습니다. 물론 아이도 힘겹지만 잘 따라주었지요.

하늘은 스스로 돕는 자를 돕는다고 했던가요. 눈물겨운 투병의 힘든 나날 속에 아이가 5학년이 되던 때 만난 담임선생님. 알림장으로 시작된 소통이 아이와 엄마를 변화시켰습니다. 흔히 알림장은 전달 사항을 기록하는 노트입니다. 하지만 선생님은 알림장을 통해 아이와 아이 엄마에게 말을 걸었던 것입니다. 아이의 학교생활을 세심하게 알림장에 적어서 집으로 보내주기 시작하면서 소통의 공간이 마련된 것입니다. 따뜻한 관심과 세심한 관찰, 진솔한 표현에 힘입어 아이와 아이 엄마의 마음이 서서히 열리기 시작했습니다.

1년의 알림장 소통을 통해 아이는 스스로 감정과 상태를 조절하는 힘을 키울 수 있었고 지금은 어엿한 사회인이 되기 위한 힘을 가질 수 있었습니다. 스승의 날을 맞아 아이가 감사의 인사를 전했을 때 선생님께서 하신 말씀이 '당연히 할 일을 했을 뿐이야'였다고 합니다.

당연히 해야 할 일을 지속적으로 했을 때 삶의 기적이 만들어집니다. 당연히 해야 할 일을 하지 않았을 때 삶의 희망은 사라집니다. 어떠한 상황 속에서도 할 수 있는 일이 있습니다. 나에게 닥친 역경이 삶을 무너뜨리는 것이 아니라 그 역경을 대하는 생각이 삶을 파괴합니다.

해야 할 일을 했을 때, 할 수 있는 일을 찾아서 했을 때 가지고 있는 힘.

여러분들은 어떠합니까?"

인사말

,

    사회 활동이나 조직 활동을 오래하다 보면 단체장 제안을 받게 되기도 한다. 참 영광스러운 일이다. 하지만 마냥 좋기만 한 것은 아니다. 회장이 되어 첫 번째 치르는 행사, 취임식이 걱정된다. 회원들뿐만 아니라 대내외 귀빈들 앞에서 취임사를 해야 한다. 취임사는 어떻게 써야 하고 연설은 또 어떻게 해야 하는지 고민이 밀려든다. 이후 각종 행사에서도 인사말을 해야 하는데 생각만으로도 식은땀이 날 지경이다. 스피치 학원을 하면서 이런 고민을 호소하는 분들을 많이 만나게 된다.

상담을 해보면, 우선 인사말을 쓸 능력이 부족하다며 고민들이 많다. 소위 회장이라면 인사말에서 좀 유식하고 멋진 말들을 해야 하는데 아는 것이 없어서 쓸 수가 없다는 것이다. 두 번째는 많은 사람들 앞에서 연설을 해본 경험이 없기 때문에 잘하지 못하면 어떻게 하나 하는 두려움이 크다. 충분히 그 심정을 헤아릴 만하다. 회장으로서 공식적인 데뷔 무대가 그 단체에서 가장 큰 의전 행사인 창립기념식 및 취임식에서 회장 인사말을 해야 하는 상황이니 부담이 얼마나 클 것인가. 상담 내내 인사말도 좀 멋지게 써주고 연설도 잘할 수 있게 만들어 달라는 마음이 눈빛에 가득하다.

　　인사말을 왜 할까? 정례적으로 식순에 있기 때문에 해야 하는 것일까? 그래서 인사말을 하기 위해 인사말을 하는 것일까? 아닐 것이다. 취임식을 비롯해 각종 행사는 왜 하는 것일까와 맥을 같이 한다. 취임식을 하기 위해서, 행사를 하기 위해서 하는 것이 아니다. 그만한 목적과 의미가 있기 때문에 행사를 기획하고 진행을 하는 것이다. 인사말도 마찬가지다. 인사말을 통해 본 행사의 취지를 되새기고 성공적인 마무리를 위해 회원들의 마음을 하나로 모아 흔들림 없이 나아가기 위해서이다.

이런 이야기를 나누면서 자연스럽게 물어본다. 그 단체의 설립 목적이 무엇인지. 설립된 지는 얼마나 되었고 그간에 어떤 활동들을 해왔으며 성과는 어떠했는지를 물어본다. 지금 당면한 과제는 무엇이고 회원들은 어떤 마음으로 활동을 하고 있고 앞으로 기대하는 바는 무엇인지 물어본다. 그리고 회장으로서 조직을 목적에 맞게, 회원들의 자긍심을 높이면서 지금의 당면한 과제를 해결하기 위해 해야 할 일이 무엇인지 물어본다. 마지막으로, 그렇게 했을 때 어떤 결과를 기대할 수 있는지 물어본다. 그러면 나름의 생각들을 술술 잘 얘기한다. 지금 이야기한 내용을 순서대로 멋지게 꾸미려고 하지 말고 있는 그대로 쓰면 훌륭한 연설문이 될 것이라고 말해준다.

애정을 가지고 열정적으로 활동하는 회원이거나 잠자는 회원이거나 상관없이 회장이 느끼는 단체에 대한 마음과 크게 다르지는 않을 것이다. 느낌도 없는 명언들을 늘어놓는 것보다 모두가 알고 있고 그렇게 해야 한다고 생각하는 것을 진정을 담아서 표현하면 그것이 최고의 연설이 된다. 왜냐하면 마음은 교감이 되었을 때 움직이는 것이니까. 인사말을 왜 할까를 생각하면 가장 멋진 울림 있는 연설을 할 수 있다.

연설문 작성이 끝났으면 연습을 한다. 원고를 외우려는 수고는 하지 않았으면 한다. 원고를 외우지 않고도 자연스럽게 청중과 눈맞춤을 하면서 연설을 하는 방법이 있다.

의미가 끊어지지 않게 호흡이 멈추는 자리는 / 하나로 표시를 하고 쉬는 자리는 // 두개로 표시를 한다. 강조하고자 하는 부분은 내가 잘 알아볼 수 있게 표시를 한다. 가장 중요한 눈맞춤은 문장의 끝에 있는 10글자 내외를 활용하면 된다. 아무리 암기 능력이 떨어지더라도 순간적으로 10글자 내외 정도는 외울 수 있다. 처음에는 원고를 보면서 연설을 하다가 문장 끝 10글자 부분은 암기를 해서 청중들과 눈을 맞추면서 말을 하는 것이다. 긴 문장일 경우에는 중간 대목에서 한 번 더 하면 된다.

처음에는 잘 안 될 것이다. 훈련을 시켜보면 다양한 부작용이 나타난다. 여전히 눈맞춤을 해야 한다는 강박에 고개가 쉴 새 없이 원고와 청중들 사이로 오르락내리락 한다. 참아야 한다. 또 고개는 들지 못하고 눈만 드는 경우도 있다. 본의 아니게 째려보는 듯한 모습이 되고 만다. 경계할 일이다. 얼굴이 안정되게 청중을 바라보지 못하고 이리저리 훑듯이 좌우로 왔다갔다 하기도 한다. 안정감이 없어 보인다. 원고의 다음 줄을 놓칠까 봐 끝까지 눈맞춤을 하지 못하고 급하게 아래로 내리는 현상도 많이 발생한다.

그래도 괜찮다. 처음부터 잘하는 사람이 어디에 있겠는가. 인사말 하기 전에 최소한 50번 이상 실제 하는 것처럼 연습을 하고 행사 당일에 현장에서 음향을 맞춰놓고 다섯 번 정도 리허설을 하면 자연스럽게 할 수 있게 된다. 단 연설을 위한 연설을 하는 것이 아니라 이 연설을 통해 무엇을 말하고자 하는지를 잊지 않아야 한다.

인사말 작성 순서를 정리해보면 다음과 같다.

1. 호칭 : 단체명
2. 공감 인사 : 모두가 공감할 수 있는 인사말
3. 개인 인사 : 참석자 중에 특별히 챙겨야 하는 사람을 언급하며 하는 인사말
4. 서론 : 본 행사의 취지와 목적
5. 본론 : 주된 내용과 소신
6. 결론 : 기대효과
7. 끝인사

예시)

사랑하는 '리더로 사는 사람들' 회원 여러분 안녕하십니까? 모두의 마음을 풍요롭게 만드는 가을입니다. 유난히 맑은 햇살과 상큼한 바람이 함께하는 가운데 리더로 사는 사람들 제 10회 창립기념식을 가지게 되어 무척 영광스럽게 생각합니다.

본 행사를 축하해주시기 위해 참석하신 모든 분들께 진심으로 감사의 마음을 전합니다. 특히 몸은 멀리 있지만 항상 마음으로 함께 응원해주시는 이종찬 선생님, 천리길도 마다않고 달려와주셔서 감사합니다.

사단법인 리더로 사는 사람들은 지금을 가치롭게 살아가자라는 핵심가치를 실천하기 위해 설립되었습니다. 많은 분들께서 깨어있는 마음으로 동참하여 주셔서 10년이라는 시간 동안 우리 자신과 시민들에게 밝고 건강한 삶을 영위하는데 큰 역할을 했다고 자부합니다.
앞으로도 리더로 사는 사람들은 변함없는 행보를 할 것입니다.

첫째, 소통 좀 하면서 살자 라는 행동 원칙을 수요강연에서 지속적으로 펼쳐나갈 것입니다. 둘째, 책 좀 읽으며 살자 라는 독서 문화 운동을 리사사 독서토론회를 통해 이어나갈 것입니다. 셋째, 봉사 좀 하면서 살자 라는 취지의 책 읽어 주는 사람들 봉사활동을 흔들림 없이 추진해 나갈 것입니다. 해마다 성과를 더해 가고 있는 어린이 지도자 양성 캠프 또한 한결 같은 마음으로 전개해나갈 것입니다. 이를 위한 발판이 되는 회원 연수회를 더 알차게 기획하여 양질의 회원 양성에 박차를 가할 것입니다.

리사사의 한걸음 한걸음이 건강한 개인, 건강한 사회를 향해 나아가는데 이바지하겠습니다. 그로 인해 우리들은 각자가 가지고 있는 자신만의 아름다운 가치를 계발하여 자신을 밝히고 가정을 밝히고 사회를 밝히는 등불이 될 것입니다.

내면의 아름다움을 중히 여기는 리사사 회원 여러분!
사랑합니다. 존경합니다. 감사합니다.

면접 잘 보는 법

○
,

　마지막으로, 취업현장의 마지막 관문인 면접에 관해 살펴보기로 한다.

　원하는 곳에 들어가기 위해서는 누구든지 면접이라는 좁고 험난한 문을 통과해야만 한다. 갈수록 면접 방식은 다양해지고 관문은 높아진다. 딱히 정답이 없는 문이기에 수험생 또는 취준생들이 스피치 학원을 많이 찾아온다. 면접 준비를 위해서 개인 코칭을 받으러 오는 사람들에게 꼭 물어보는 것이 있다.

　"무엇을 도움 받고 싶은가요?"

　개개인마다 다양한 문제를 안고 있지만 그 중 공통된 고민은 바로, '예상하지 못한 질문을 받았을 때 당황하지 않고 답변을 잘하고 싶다'는 것이었다. 신이 아닌 다음에야 어떻게 질문들을 다 예상하고 사전에 준비를 할 수 있겠는가? 그렇기에 돌발질문에 대한 불안이 클 수밖에 없을 것이다. 흔들리는 눈빛에서 막막한 두려움이 느껴진다. 어떻게 하면 될까?

면접을 준비하기 위해서는 면접이 무엇인지를 먼저 이해하는 것이 중요하다. 면접은 시험이다. 그렇다면, 무엇을 보는 시험일까? 시험에는 크게 두 종류로 나누어진다. 내가 얼마만큼 많은 것을 가지고 있는지를 평가하는 시험과 내가 가지고 있는 것을 얼마만큼 잘 펼칠 수 있는지를 평가하는 시험이 그것이다. 면접은 후자다. 전자는 이미 서류와 지필고사를 통해 평가가 이루어졌다. 면접도 지면을 통해 시험을 보면 좋겠는데 유형의 특성상 그렇게 할 수가 없다.

회사에서 인재를 채용하는 이유는 그가 가진 '능력'을 쓰기 위해서이다. 그렇다면 내가 가지고 있는 능력을 얼마나 잘 발휘하는지가 면접에서 중요해진다. '면접이란 나를 보여주는 시험이다.' 나를 보여주기 위해서는 어떻게 해야 할까? 나는 누구인가를 알아야 한다.

나는 누구인가? 참으로 막막하고 답답해지는 순간이다. 자기소개서를 준비하는 순간부터 눈앞이 캄캄해진다. 지금까지 나로서 살아왔고 나에 대해서 가장 잘 알고 있는 사람은 한 치의 의심도 없이 나라고 생각했는데 나는 누구인가라는 질문 앞에서 머릿속이 하얗게 되고 마는 것이다. 수업 때 또는 특강을 나가면 가끔씩 물어볼 때가 있다. "당신은 누구인가요?" 그러면 대부분 자신의 이름을 이야기한다. 그러면 나는 "그건 당신 이름일 뿐이잖아요. 당신은 처음 만나는 사람 이름만 듣고 그 사람이 어떤 사람인지 알 수 있나요?" 라고 물으면 "아니요" 라고 대답한다. 그러면 다시 "그럼 당신은 누구인가요?" 라고 묻는다. 잠시 머뭇거리다가 "학생인데요" 또는 "회사원인데요" 라고 대답한다. 그러면 다시 "그건 당신 직업일 뿐이잖아요. 당신은 상대방의 직업만 알면 그 사람이 어떤 사람인지 알 수 있나요?" 라고 다시 묻는다. 상상이 되는가. 이후의 상황이 어떻게 전개가 될지.

우리는 지금까지 외형을 갖추기 위해 죽기 살기로 달려왔다. 그것이 곧 나의 경쟁력이고 내가 원하는 삶을 보장받는 방법이라고 생각하기 때문이다. 주위로부터 받는 질문도 대부분 이와 관련되어 있다. "임진왜란 당시의 조선의 정치적 상황은 어떠했는가" 라는 류의 질문들은 수없이 받아봤지만 "당신은 이 세상에서 어떤 것이 가장 가치가 있다고 생각하는가" 라는 류의 질문들은 거의 받아본 적이 없다. 나는 누구인가 라는 질문 앞에 무너지는 것은 당연하다.

우리는 이미 알고 있다고 생각하는 것에 대해서 그냥 넘어가는 경우가 많다. 그러다 어느 날 문득 면접이라는 관문 앞에서 "나는 누구인가" 라는 질문을 받는다.

자, 이제 어떻게 해야 할까? 지금부터 알아보면 된다.

우리가 살아가고 있는 세상은 물질적 가치, 정신적, 전통적, 문화적, 자연적 가치 등 수많은 가치로 이루어져 있다. 저마다 가치의 기준들이 다르다. 그렇다면 "나는 어떤 가치를 가장 중요하게 생각하는 사람인가?" 라는 질문을 스스로에게 던지고 답을 찾아본다.

처음에는 구체적으로 손에 잡히거나 선명하게 뇌리에 맺히는 상이 없을 수도 있다. 포기하지 말고 진중하게 생각의 꼬리를 물고 탐구해나가야 한다.

나는 이렇게 시작을 한다.

'지금까지 내가 살아오면서 인생을 지울 수 있는 지우개가 있다면 지워버리고 싶은 순간은 어떤 일인가?' 생각나는 대로 적어본 후 각각의 상황이 왜 그렇게 지워버리고 싶을 만큼 나 자신이 싫어지게 느끼는지 이유를 찾아 적어본다. 그 다음은 반대로 나 자신이 참 괜찮아 보이고 뿌듯하게 느껴지는 상황들을 떠올려보고 그 이유까지 찾아서 기록한다. 그리고 두 가지 상황에 대한 이유를 다시 점검해본다. 지우고 싶은 상황과 기억하고 싶은 상황에 대한 이유들에서 공통된 부분을 발견할 수 있을 것이다. 바로 이 지점이 내가 중요하게 생각하는 가치를 담고 있다. 왜냐하면 내가 중요하게 생각하는 가치를 스스로 지켰기 때문에 나 자신이 근사하게 느껴지고, 스스로 팽개쳤기 때문에 미치도록 싫고 지워버리고 싶은 마음이 드는 것이다.

그 다음은 '나는 무엇을 가지고 있는 사람인가?' 질문을 던진다. 삼성 하면 반도체가 바로 떠오르고 현대 하면 자동차가 떠오른다. 이처럼 나를 나이게 하는 것은 무엇인가를 찾는 것이다. 흔히 '강점찾기'라고 한다. 우리는 저마다 자기만의 고유한 잠재

능력을 가지고 있다. '이것만큼은 자신이 있어' 라거나 특별히 배우지 않았는데도 다른 사람보다 잘하는 것이 있을 것이다. 아니면 똑같이 배웠다 하더라도 두각을 나타내는 분야가 있다. 이러한 것을 찾아서 기록하고, 무엇 때문에 자신이 있고 더 잘하게 되는지 원인을 찾아본다. 또는 특별한 계기가 없는데도 호기심이 생기고 관심이 가고 집중이 잘 되는 영역은 무엇인지 찾아본다. 다른 사람은 어렵고 골치 아파서 하기 싫어하지만 나는 어렵기는 하지만 흥미를 느끼고 나도 모르게 꾸준하게 하고 있는 일이나, 해야 되겠다고 생각하는 일은 무엇인지 찾아보고 그 이유를 알아본다. 전혀 나와 상관이 없는 사람인데도 괜히 질투 나는 사람이 있다면 그 사람이 성과를 내고 있는 분야에 대한 능력이 나에게도 있다는 신호로 받아들일 수 있다.

　강점은 머리로만 찾는 것이 아니라 부딪치면서 찾아야 한다. 이미 경험한 지난날의 내 모습과 현재 하고 있는 일 그리고 해볼까, 내가 감히 할 수 있을까, 그래도 하면 정말 좋겠는데 하는 배움이나 활동들이 있다면 도전해보면서 찾아나가는 것이다. 현실이 가지고 있는 물리적 한계를 생각하면 한숨부터 나올 것이다. 하지만 뜻하지 않게 우연한 계기로 자신의 재능을 발견하고 활기찬 삶을 사는 사람들이 얼마나 많은가.

내가 중요하게 생각하는 가치, 즉 삶의 방향과 그 방향으로 나아갈 나만의 잠재능력을 찾았다면 그러면, 나는 나의 길을 가면서 무엇을 이루고 싶은가를 생각해본다. '나의 직업은 무엇인가'가 아니라 '나의 과업은 무엇인가'를 생각하는 것이다. 내 삶의 주제를 갖는 것이다. 이것을 우리는 '꿈'이라고 부른다. 내 존재의 의미와 삶의 의미 그리고 지금 내가 하고 있는 일의 의미를 찾는 것이다. 그와 함께 나는 문제를 어떻게 받아들이고 해결해 나가는 사람인지도 살펴본다.

최소한 여기까지 진행을 한다면 조금은 내가 누구인지를 알 수 있을 것이다. 누군가가 "당신은 누구인가요?" 라는 질문을 한다면 "저는 이러한 가치를 중요하게 생각하면서 살아가는 사람입니다. 제가 남다르게 가지고 있는 능력은 이것이며 이러한 가치와 능력을 발휘하여 이러저러한 일들을 이러한 방식으로 이루어나가고 싶습니다. 그로 인해 이런 사람이었다고 기억되는 사람이고 싶습니다" 라고 말할 수 있을 것이다.

면접을 위한 1분 자기소개도 이러한 맥락에서 준비를 하면 면접관에게 나라는 사람이 어떤 사람인지 잘 보여줄 수 있다.

말하기
실전

내가 면접관이라면

면접을 보기 위해서는 반드시 면접관과 마주해야 한다. 면접 준비하는 사람들에게 "면접관 하면 어떤 이미지가 떠오르는가?" 질문을 하면 저승사자, 거대한 빙산, 피도 눈물도 없는 냉혈한 등 다양한 이미지를 말한다. 한마디로 결코 편하지 않은 이미지다. 위축되고 경직되고 두려움마저 느낀다. 이런 상태에서 나 자신을 어떻게 마음껏 보여줄 수 있겠는가?

앞에서 쩔쩔매다가 면접장 밖에 나오면 '아 맞다' 하면서 생각이 난다. 이미 늦었다. 두 팔, 두 다리를 동아줄로 꽁꽁 묶인 상태에서 팔다리가 자유로운 사람과 싸움을 하는 격이다. 면접관에 대한 이미지를 바꾸는 작업이 필요하다.

이렇게 상상해보자. 내가 설립한 회사가 성장하여 신입사원 모집 공고를 냈다. 많은 사람들이 지원을 했다. 이때 나의 기분은 어떻겠는가? 뿌듯하고 보람되지 않겠는가. 직접 인재를 뽑아야겠다고 마음먹고 면접장에 나와 있다. 지원자들을 마주한 나의 마음은 어떻겠는가? 한편 고맙고 한편 저 친구는 어떤 능력을 가지고 있을까 세심하게 찾으려고 하지 않을까? 그렇다.

면접관은 한 손에 무시무시한 칼을 들고 댕강댕강 잘라버리는 사람이 아니라 우호적인 마음을 가지고 우리 회사에서 필요로 하는 능력을 갖춘 사람을 찾는 사람이다. 내가 갖고 있는 능력을 발견하려고 하는 사람이다. 이렇게 생각하면 이제는 면접관에 대한 이미지가 어떤가?

내가 만약 면접관이라면 어떤 사람과 함께 일하고 싶겠는가? 자신감 있고 당당하고 능동적이고 적극적이고 밝고 건강한 이미지로 기존에 있는 사람들과 함께 어우러져 맘껏 능력을 펼쳐 나갈 수 있는 사람 등 여러 가지의 모습들이 떠오를 것이다. 이런 사람이 누가 되어야 할까? 바로 나 자신이다.

이렇게 이미지 트레이닝을 확고히 하면서 '당신이 찾는 사람이 여기에 있소. 마음껏 보여드릴 테니 판단은 당신이 하시오'라는 마음으로 면접에 임할 수 있도록 준비를 해야 한다.

면접관의 질문에 대한 답은 누가 가지고 있을까

면접관의 질문에 대한 답은 누가 가지고 있을지 질문을 하면 대부분 '내가 가지고 있다'고 대답을 한다. 맞다. 하지만 막상 실전 상황이 되면 많은 사람들이 면접관으로부터 질문을 받으면 이 질문에 대한 '면접관이 생각하는 답은 무엇일까'를 생각하게 된다. 다른 사람의 생각을 알 수 있는가. 알 수 있는 방법이 있는가. 당연히 모른다. 알 수도 없고 할 수도 없는 일을 하려니 될 리 만무하다.

질문에는 두 가지 종류가 있다. 답을 알고 있는지 확인하기 위한 것과, 상대방의 생각이 무엇인지 궁금해서 묻는 것이다. 그렇다면 면접상황에서는 어떤 질문이 많을까? 내 생각이 궁금해서 묻는 질문이 대부분이다. 면접이란 나를 보여주는 시험이기 때문이다. 질문의 답은 모두 내 안에서 찾아야 한다. 단 질문의 의도를 파악하는 것은 당연히 해야 할 일이다.

그 다음, 역할에 대한 분별이 있어야 한다. 내가 할 수 있는 일과 없는 일, 면접관이 할 수 있는 일과 없는 일에 대해 확실한 이해가 필요하다. 면접과정에 대한 판단과 평가는 면접관의 몫이다. 아무리 지원자가 개입하고 싶어도 할 수 있는 영역이 아니다. 할 수 없는 일은 하지 않고 할 수 있는 일에 집중하는 것이 상책이다.

지원자가 할 수 있는 일은 무엇인가. 떨어지면 어떻게 하나, 답변을 제대로 못하면 어떻게 하나, 좋은 점수를 받지 못하면 어떻게 하나 등 할 수 없는 일에 매달리며 걱정하는 시간에 면접 준비를 충실히 하는 것과 면접 당일 맘껏 나 자신을 보여주는 일에 집중하는 것이다. 이것은 지원자가 얼마든지 할 수 있는 일이다. 그리고 결과는 나의 영역이 아니기에 맡겨둬야 한다. 물론 말처럼 쉬운 일이 아니다. 최종 당락이 결판나는 무대에서 결과에 휘둘리지 않을 사람이 얼마나 될까? 여기까지 어떻게 왔는데. 그렇기 때문에 더더욱 이미지 트레이닝을 통해 이러한 자세를 확립하는 것이 중요하다.

어떻게 보여주면 될까

내가 면접관이라면 어떤 사람과 함께 하고 싶은가에 대한 명확한 상이 만들어졌다면 어떻게 그 모습을 보여줄 것인가를 생각해야 한다. 즉 면접관은 무엇을 통해 '우리가 찾는 사람이 이 사람이구나' 라는 생각을 하게 될까 이다.

첫 번째는 면접에 임하는 자세와 답변할 때 사용하는 목소리이다. 이 책 3장에서 이야기한 '스피치 근육'을 통해서이다. 자세, 표정, 호흡, 발성, 발음, 속도 등이 이에 해당한다. 앞에서 자세히 언급했으므로 열심히 훈련하여 내 것으로 만들면 된다.

두 번째는 내용이다. 아무리 당당한 목소리로 또박또박하게 바른 자세로 답변한다고 해도 내용이 횡설수설하고 핵심이 없으면 어떻게 되겠는가. 이에 대한 내용은 5장 '생각 근육 키우기'에서 다루었다. 특히 면접에는 '의견말하기' 방법과 '이해시키는 말하기'를 중심으로 준비를 하고 연습을 하면 도움이 많이 될 것이다.

이렇게 최선을 다해 준비를 했는데도 불구하고 면접 당일 너무 긴장을 하여 실수를 할 수도 있다. 이에 대한 대비도 사전에 해두면 효과가 있다.

축구시합을 한다고 가정해보자. 시합에 이기려면 어떻게 해야 하는가. 골을 넣어야 한다. 골을 넣기 위해 열심히 공격을 하던 중에 오히려 한 골을 먹어버렸다. 이제 어떻게 해야 하는가. 그렇다. 두 골을 넣으면 된다. 이와 마찬가지로 답변을 제대로 하지 못한 상황은 골을 넣으려고 하다가 실점을 한 상황과 같다. 이 상황이 되면 지나간 상황에 빠져 전체 면접을 망치게 되는 경우가 많다. 두 골 넣으면 된다는 생각을 하면서 골 넣는 것에 집중해야 한다. 다음 질문이 골을 넣을 수 있는 기회다. 만회골, 역전골을 얼마든지 넣을 수 있다. 이런 과정에서 어쩌면 위기대처능력이 있는 사람으로 인정받을 수도 있다. 물론 이런 일이 일어나지 않는 것이 가장 좋을 것이다. 하지만 사람 일을 누가 장담할 수 있겠는가. 이 또한 사전에 나 자신에게 훈련을 통해 각인시켜주어야 한다.

마지막으로, 면접 전에는 다양한 방법으로 도움을 받을 수 있다. 또 이렇게 하는 것이 좋을까 저렇게 하는 것이 좋을까 조사하고 궁리하고 준비를 할 수 있다. 하지만 면접장에 들어서는 순간 믿을 사람은 누구인가. 나 자신밖에 없다. 나 자신을 믿고 준비된 질문이든 돌발 질문이든 이것이 맞나, 이렇게 해도 될까 등 망설이지 말고 소신을 가지고 나의 생각을 확고하게 표현해야 한다. 나답게, 나 자신에게 당당한 모습을 보여주는 것이다.

면접을 준비하는 모든 분들! 핵사이다 펑 터지는 날 되시길.

부록 1_ 자주 받는 질문

Q. 건배제의를 잘하려면 어떻게 하면 되나요?

인터넷을 검색하면 건배할 때 사용하는 재미있는 구호들이 많이 소개되어 있다. 건배제의에 대한 고민을 읽을 수 있는 대목이다. 어떤 말이든 상황에 어울리는 말이 가장 좋은 말이다. 건배는 어떤 상황에서 하게 되고 건배제의는 무엇을 말하는 상황일까? 단순히 모여서 술을 마시다가 갑자기 건배제의를 하는 경우는 드물다. 의미 있는 행사를 성황리에 마쳤거나 큰 성과를 거두었을 때, 인사이동 또는 총회 등 큰 회의를 마치고 난 후 회식자리에서 그 날의 뜻을 되새기기 위해 주로 건배를 하게 되고 건배제의를 받게 된다. 그렇기에 오늘 회식을 하는 이유에 대한 생각을 상황에 맞게 하는 것이 좋은 건배제의다.

건배제의가 어렵게 느껴지는 것은 뭔가 특별한 말을 해야만 한다는 생각이 앞서기 때문이다. 건배제의를 위한 건배제의를 하려고 하니 아무 생각도 떠오르지 않는 것이다. 예전에 들었던 괜찮은 구호가 있었는데 그게 뭐였지 라면서 기억을 더듬다가 생각이 나지 않으면 대충 "건승!"이나 "건강을 위하여!" 라고 하나마나한 식상한 말을 하고 만다.

결식아동을 돕기 위한 바자회 행사를 마치고 회식을 하는 자리에서 건배제의를 받았다고 가정을 해보자. 우선 바자회 행사의 목적을 생각해보고 오늘 하루 행사에 임한 회원들 한명 한명의 모습을 떠올려본다. 어떤 마음이었을까도 생각해보고 지금 이 자리에 어떤 마음으로 앉아 있는가도 생각해본다. 그리고 나의 느낌과 생각을 그대로 표현한다.

"오늘 바자회 행사는 어려운 가운데에서도 꿋꿋이 생활하고 있는 아이들에게 위안과 힘이 될 것이라고 생각합니다. 하지만 가장 큰 힘을 받은 사람은 바로 저입니다. 행사 내내 보여주신 회원님들의 진정어린 마음을 보면서 나 또한 여기의 일원이라는 생각에 하루 종일 마음이 뜨거웠습니다. 사람이 사람을 이렇게 따뜻하게 만들 수도 있구나를 배웠습니다. 다시 한번 감사드리며 저의 건배제의는 '이 마음 어쩔거야?'라고 하면 '책임져!'라고 화답해주시면 감사하겠습니다."

"이 마음 어쩔거야?"

"책임져!"

그런 후 건배제의에 화답해준 뜻에 "감사합니다"라고 인사를 하면 된다.

Q. 사회를 잘 보고 싶습니다

직장에서 또는 사회단체에서 사회를 봐야 하는 경우가 종종 있다. 매끄럽게 잘하고 싶은데 쉽지가 않다. 이런 고민을 하는 사람은 사회는 행사 시나리오를 읽는 사람이라고 생각하는 경향이 있다. 실수 없이 시나리오대로 자연스럽게 읽고 싶은데 이것이 잘 안 된다는 것이다.

사회는 시나리오를 읽는 사람이 아니라 행사를 진행하는 진행자이다. 행사의 목적과 전체 진행되는 상황을 머릿속에 그리고 있어야 한다. 사전에 행사 체크리스트를 확인하고 자리배치 및 참석자들의 동선과 그에 맞는 행사요원의 위치 선정 및 동선을 파악하고 있어야 한다. 행사의 흐름을 생각하며 시나리오를 점검해야 한다. 돌발 상황에 대한 예측과 대응에 대해서도 준비를 해야 한다. 그리고 처음부터 끝까지 시뮬레이션을 여러 번 해본다. 그에 맞춰 연습과 리허설을 해야 한다.

연습을 할 때도 나는 시나리오를 읽는 사람이 아니라 행사를 진행하는 진행자이다, 나의 진행에 따라 행사의 분위기가 좌우된다, 낭독하는 느낌이 아니라 진행하는 맛이 나게 하자, 라는 마음을 잊어서는 안 된다. 진행자가 너무 튀어서 흐름을 방해해서도 안 되지만 버벅거려서 흐름이 끊어져서도 안 된다.

너무 잘해야 한다는 마음은 오히려 압박이 되어 긴장감만 높인다. 행사의 성격과 전체 행사의 흐름을 파악하고 시나리오를 상황으로 그리면서 연습하는데 집중한다면 좋은 사회자가 될 수 있다. 물론 목소리의 장, 단, 고, 저, 쉼, 멈춤과 시선, 자세 등은 이 책에서 언급한 '스피치 근육 키우기'를 통해 평소 꾸준한 훈련을 해놓는 것이 좋다.

Q 상대가 나의 말에 주의를 기울이지 않을 때 어떻게 해야 하나요?

상대방에게도 문제가 있을 수 있겠지만 우선 나의 말하는 습관을 점검해봐야 한다.

첫째, 말이 너무 빠르거나 느리지는 않은지, 목소리가 너무 약해 상대방에게 잘 들리지 않는지, 발음을 정확하게 하면서 끝소리까지 분명하게 전달이 되는지, 말이 내용 없이 장황하게 늘어지지는 않는지를 살펴보는 것이다.

둘째, 좋은 말이라도 혼자서 너무 오랫동안 말의 주도권을 잡고 있으면 상대방은 지루해하고 언제 끝나나 이것만 생각하게 된다. 또는 끝날 듯하다가 다시 이어지고 비슷한 말인데 반복해서 계속 말을 한다면 상대방은 곤혹스러울 수밖에 없다.

셋째, 가르치는 듯한 말투로 말을 하거나 설교하듯이 말을 한다면 거부감이 든다. 나와 같이 가르치는 일을 주로 하는 사람에게서 자주 나타난다. 조심해야지 하면서도 말을 하다 보면 어느새 가르치듯 말을 하게 된다.

넷째, 공통분모가 없는 주제를 혼자 신이 나서 말을 할 때이다. 여자들이 싫어하는 주제가 군대이야기와 축구이야기이고 최악은 군대에서 축구를 한 이야기라는 말이 있지 않은가. 내가 흥미 있다고 해서 상대방도 흥미가 있는 것은 아니다. 상대의 반응을 살피면서 따분해하거나 별 관심이 없어 보이면 화제를 전환해야 한다.

이외에도 여러 가지 원인이 있을 것이다.

말을 할 때는 상대의 눈을 바라보면서 부드럽지만 힘이 있는 목소리로 핵심이 잘 전달될 수 있도록 한다. 좀 긴 내용일 때는 중간중간에 질문을 던지면서 상대가 함께 대화에 참여할 수 있도록 한다. 혼자 자기 말에 취해 상대방을 의식하지 못하는 순간 나는 말만 많은 사람이 되고 만다.

부록 2_교육생 수기

■ 애초에 공황장애라는 것은 없었다

| 교육생 최성욱 |

나는 23년 전부터 공황장애를 앓고 있었다. 오랜 시간 벗어나려고 애를 쓰면서 몸부림을 쳤고 병원치료도 받았다. 그럴수록 더욱 깊은 수렁에 갇혀가기만 했다. 나의 삶은 시간이 지날수록 점점 죽어가고 있었다. 회사에서 나의 별명은 '시체'였다. 18년간 매일 쉬는 시간마다 누워있었기 때문이다. 퇴근 후 집에 가서도 한두 시간 누워 있다가 경직된 몸이 풀리면 씻고 밥을 먹었고 음식을 먹고 나면 체해서 음료수를 마시듯이 까스활명수를 매일 먹어야 했다. 어느덧 그런 생활이 일상이 되었고 모임에 가도 단 한마디의 말도 못하고 자리만 지키다 오는 것이 대부분이었다.

그러다 어느 날 친구들 모임에서 회장단 제의를 받게 되었고 너무 하고 싶었지만 용기가 나지 않았다. 그럼에도 해보고 싶은 생각이 떠나지 않았고 고민 끝에 스피치 학원을 찾았다.

이럴 수가!

스피치 학원에 말 잘하는 방법을 배우러 왔다가 나의 고질병이었던 공황장애를 해결하는 내 인생을 역전시키는 일이 발생했다. 그렇게 오랜 시간 습관처럼 생활해오던 나에게 신기한 일이 일어났다. 수업을 해나가면서 공황장애 증상이 점점 호전되고 있는 게 아닌가. 결국 생각의 문제였다는 것을 깨닫게 되었다. 공황장애라는 것이 나의 생각의 문제였지 애초에 공황장애라는 것은 없었다는 것을 알았다. 스스로 만들어놓고 그 안에 가둬두고 그곳에서 벗어나려 바둥바둥 거리며 더욱 나를 힘들게 만들어왔던 것이다.

내가 어머니 뱃속에서 세상에 나올 때 공황장애라는 것을 갖고 태어났나? 아니다. 나라는 존재 하나로 태어났다. 그러면, 그때의 나로 되돌아가서 생각을 해보자. 나 스스로 파놓은 웅덩이를 지우고 나니 불안, 긴장감이 없어지고 순식간에 나만 남았다. 그 순간 발끝에서부터 따뜻한 온기가 위로 서서히 올라오는 것이다. 마음이 너무나 편안해졌다. 그 후 가끔씩은 극심한 불안감과 긴장감, 숨쉬기 힘든 상황들이 생기지만 잘 대처하며 생활하고 있다. 수업 시간에 의견발표, 주제발표, 주장발표, 스토리텔링을 통해 나 스스로 원고를 작성해서 단상에서 발표했던 경험들이 나에게 긍정적인 변화의 약 처방이 되었다.

수업 중 말문이 막히고 답답해할 때 끝까지 기다려주신 원장님의 인내심과 피드백 수업 후 1.5시간 때 이야기를 나눈 것들이 나를 깨어나게 하는 디딤돌이 되었던 것 같다. 그 디딤돌 위에 생각 바꾸기로 좀 더 자유를 찾게 되었다.

　오랜 세월 음지에서 살아가다 보니 양지의 세계가 나에게 온다고는 생각하지 못했는데, 스피치와의 인연을 맺고부터 나에게 양지가 기다리고 있었다는 것을 알게 되었다. 따스한 기운 속에서 무럭무럭 성장해나갈 것이다.

■ 능숙한 말 보다는 필요한 말을 설득력 있게 잘해야 한다

| 교육생 최수련 |

언젠가 불혹의 나이를 넘기며 자신의 삶을 재조명해보는 과
정 중에 말에 대한 생각이 조금씩 바뀌기 시작했다. 말을 통한
성공이나 주변의 인기도 좋았지만 더 중요하게 다가온 것이 내
가 내 이야기를 필요로 할 때 적재적소에서 필요한 말을 잘하
느냐는 것이었다.

어느 날 그런 나 자신을 곰곰이 관찰해보며 지난날을 되돌아
보니 자신을 표현함에 있어 부족한 것이 너무 많다는 생각이
들었다. 중년의 나이가 되니 주어진 책임감과 의무감도 많아져
본의 아니게 의견을 피력하고 때로는 설득을 해야 하는 상황이
자주 발생하곤 하는데 나름 준비를 했음에도 불구하고 용두사
미의 형국으로 마무리되는 경우가 적잖이 발생되었다. 그럴 때
마다 말을 조리 있게 잘했으면 좋겠다는 생각이 불쑥 들곤 했
었다.

그래도 젊은 시절에는 아직 배워야 할 것이 많고 경험이 부

족해서 그럴 것이라는 나름의 이유와 근거가 있었지만 어느 순간부터 그런 나의 생각이 옹졸한 변명이라는 것을 알게 되었다. 사회적 위치가 위치인 만큼 연예인같은 능숙한 말보다는 필요한 말을 설득력 있게 잘해야 한다는 사실을 절감하며 스피치 공부를 시작하게 되었다.

기본과정을 시작하며 기억에 남은 것은 말을 잘하려는 마음을 내려놓는 것이 중요하며 또한 말은 단순한 기교나 스킬이 아니라 삶 속에서 얻은 경험 그리고 생각이 핵심이라는 것을 알게 되었다. 일주일에 한 번이라는 시간이지만 매 회를 거듭하며 강의 내용이 참 체계적이고 논리적이고 합리적이라는 생각에 내 삶에 새로운 관심거리가 되었고 삶에 활력소가 되기도 하였다. 첫 발표시간에 느껴졌던 긴장감 막연함 두려움 등 모든 감정이 한꺼번에 올라오며 등줄기에 땀이 났던 기억이 아직도 새롭다.

언제부터인가 누군가와 대화를 할 때나 모임의 발표가 있으면 먼저 생각부터 정리하는 나를 발견하게 된다. 핵심 내용은 무엇으로 할 것이며 어떤 근거로 논리 전개를 해서 설득과 이해를 시킬 것인지 실질적인 대안은 무엇인지 그러했을 때 우리가 얻을 수 있는 것은 무엇인지 등등 그동안 배운 것들을 자연스럽게 떠올려보며 예전보다는 훨씬 효과적으로 나의 생각을 말로 전달하곤 한다.

단순한 기교를 떠나 삶의 본질을 좀 더 깊이 있게 이해하고 어떻게 살 것인지에 대한 답을 얻기 위해 틈틈이 독서도 하고 연구회 활동도 하며 조금씩 부족한 부분을 채워나가며 나다운 내가 되기 위해 노력 중에 있다. 그런 내가 되었을 때 나는 어느 곳에서나 나의 생각, 나의 감정, 나의 있는 그대로의 모습을 말로써 잘 표현할 수 있을 것 같다.

■ 자신감이 커가는 나 자신이 대견하다

| 교육생 이명숙 |

　직장생활을 하면서 나의 마음 한켠에는 늘 발표 불안이 자리 잡고 있었다. 그 불안한 마음이 나이가 들어가면서 점점 심해지다가 팀장의 위치에 승진하면서 극에 달했다. 회식이 정해진 날이면 그때부터 일이 손에 잡히지 않고 뭘 말해야 하나 하는 걱정에 마음도 즐겁지 않고 우울했다. 회식이 있는 날에는 준비한 것이 있어도 긴장 탓에 만족하게 하지 못하고 우물쭈물하다 마무리했다. 남들은 편안한 마음으로 하는데 나는 왜 안 될까? 친정아버지 닮아서 그런가? 못하는 이유를 외부의 탓으로 돌리기도 했다.

　이런 반복된 일이 발생하면서 사표를 내버릴까 생각하다가 용기를 내어 스피치 공부를 하기로 했다. 스피치 수업을 받으면 운전면허증 따는 것처럼 일정 시간이 지나면 내가 원하는 결과가 있을 것으로 생각했다. 그런데 지금까지의 굳어진 습관들을 바꾼다는 것은 결코 만만한 과정은 아니었다.

그렇지만 반드시 해결해야만 내가 원하는 일을 할 수 있을 것 같아 최선을 다해 공부했다. 주제에 대해 생각을 깊이 있게 하고 전달하고자 하는 목적에 맞게 정리해서 스피치 근육을 활용하여 발표 훈련을 반복하면서 조금씩 변해가는 나를 발견하게 되었고 성취감은 더 많은 동기를 불러일으켰다. 점점 자신감이 커가는 내 자신이 대견하다. 이제는 회식 자리에 대한 부담은 사라졌고 진행까지 욕심내며 즐기고 있다.

삶은 나를 이루어가는 과정이다

자기계발은 참 어렵다. 필요에 의해 스스로 언제든지 시작할 수 있지만 언제든지 그만둘 수도 있기 때문이다. 인사고과를 매기듯이 누군가가 검사하거나 감독하지 않는다. 통장에 잔고가 쌓이듯 좋아지고 있는 모습을 눈으로 확인하기도 어렵다. 언제까지 해야만 끝이 나는지도 알 수가 없다. 다른 분야도 마찬가지지만 스피치 분야는 더더욱 그렇다.

20년 동안 스피치 지도를 하면서 깨달은 것이 있다. 아무리 뛰어난 능력을 가지고 있는 사람이라고 하더라도 중도에 그만두면 원하는 성과를 얻을 수 없다는 것이다. 나름의 성과를 거둔 사람들을 살펴보면 공통적으로 지속하는 힘이 강하다는 것을 알 수 있다. 지속하는 힘은 어디에서 나오는 것일까? 이것을 알려면 지속하지 못하는 원인을 살펴봐야 한다. 여러 가지 원인이 있겠지만 가장 대표적인 것이 있는 그대로의 나를 받아들이지 못하고 끊임없이 남과 비교를 한다는 것이다. 되는 이유를 찾기보다 안 되는 이유를 먼저 찾는다. 완벽하게 태어나는 사람도, 장점으로만 똘똘 뭉친 사람도 있을 수 없다. 우리는 자기계발을 통해 무엇이 되고자 하는 것일까? 더 나은 내가 되고자 함이 아닌가. 다른 누군가가 되고 싶은 것이 아니라 나 자신이 되고 싶은 것이다. 그렇다면 출발점은 바로 마음에 들든 들지 않든 지금의 나 자신에서 시작해야 하지 않을까.

또, 다른 사람과 비교를 할 때 우리는 어떤 사람과 비교를 할까? 나보다 못한 사람이 아니라 훨씬 나은 사람과 비교를 한다. 그런데 이 비교가 합당한 비교일까?

이제 막 스피치를 배우기 시작한 사람이 20년 동안 공부하고 현장 지도를 하고 있는 나와 비교를 한다면 이 비교가 정당한가. 하지만 안타깝게도 단순히 눈에 보이는 모습만으로 비교를 하고 이내 처음 먹었던 마음은 파도에 휩쓸린 모래성 마냥 형체도 없이 사라지고 만다.

삶이란 나를 이루어가는 과정이다. 삶을 통해 내가 무엇을 하든지 최종적으로 되는 것은 바로 나 자신이다. 그리고 나는 이 세상에 단 하나밖에 없는 소중한 사람이다. 나 자신을 다른 사람과 비교하며 함부로 평가할 수 없는 이유다. 이 사실을 안다면 나와 함께하는 사람들 또한 소중한 사람으로 대할 것이다. 그렇기에 내 삶이 다하는 그 날까지 나를 가꾸는 일을 그만둘 수 없다.

다른 사람과 비교하기 보다 어제의 나와 오늘의 나를 비교하면서 내일의 더 나은 나를 믿는다면 아무리 힘든 순간이 오더라도 포기하지 않고 계속 나아갈 수 있을 것이다. 생각하는 힘, 표현하는 힘을 길러 '나 자신에게 당당한 나'를 이루어가는 우리가 되길 희망한다.

맺음말